THICH NHA

Le vénérable Thich Nhat … maître bouddhiste vietnamien. Son action, son courage, l'amour qu'il porte à son peuple ont conduit Martin Luther King à soutenir sa candidature pour le prix Nobel de la paix en 1967. Réfugié politique en France depuis 1972, il vit en Dordogne au « Village des Pruniers », la communauté qu'il a fondée en 1982 et où il anime des séminaires réunissant des centaines de participants venus du monde entier. Les ouvrages de Thich Nhat Hanh connaissent aujourd'hui un succès mondial.

ÉVOLUTION

Des livres pour vous faciliter la vie !

Jacques LANGUIRAND & Jean PROULX
L'Héritage spirituel amérindien
Les grandes leçons des chamans

Jack KORNFIELD
Périls et promesses de la vie spirituelle

Jack KORNFIELD
Une lueur dans l'obscurité
Comment traverser les temps difficiles grâce à la méditation

Deepak CHOPRA
Croire

Thich NHAT HANH
Esprit d'amour, esprit de paix

COLLECTIF
Tout est encore possible !
Manifeste pour un optimisme réaliste

Jiddu KRISHNAMURTI
Renaître chaque jour
S'accorder au diapason de la vie

Marie de HENNEZEL
Croire aux forces de l'esprit
Récit

Prendre soin de l'enfant intérieur

Faire la paix avec soi

DU MÊME AUTEUR

CHEZ POCKET

SUR LES TRACES DE SIDDHARTA

L'ESPRIT D'AMOUR

CLÉS POUR LE ZEN

BOUDDHA ET JÉSUS SONT DES FRÈRES

LE CŒUR DES ENSEIGNEMENTS DU BOUDDHA

LA COLÈRE

IL N'Y A NI MORT NI PEUR

POUR UNE MÉTAMORPHOSE DE L'ESPRIT

COMMENCER À MÉDITER

PRENDRE SOIN DE L'ENFANT INTÉRIEUR

Thich Nhat Hanh

Prendre soin de l'enfant intérieur

Faire la paix avec soi

Traduit de l'anglais
par Bénédicte Genot

belfond

Titre original :
RECONCILIATION
Healing the Inner Child

MIXTE
Papier issu de sources responsables
FSC® C003309

Pocket, une marque d'Univers Poche, est un éditeur qui s'engage pour la préservation de son environnement et qui utilise du papier fabriqué à partir de bois provenant de forêts gérées de manière responsable.

ISBN : 978-2-266-25426-7

Notre véritable héritage

Le cosmos est plein de précieux trésors
Je veux t'en offrir une poignée ce matin.
Chaque moment que tu vis est un joyau
Qui resplendit et contient la Terre et le ciel,
L'eau et les nuages.

Tu n'as qu'à respirer doucement
Pour que les miracles apparaissent.
Alors, tu entends l'oiseau chanter,
Les pins murmurer.
Et soudain, tu vois la fleur s'épanouir,
Les nuages blancs dans le ciel bleu,
Le sourire et le regard merveilleux de ton aimé(e).

Toi, la personne la plus riche sur Terre,
Tu erres depuis si longtemps,
Ne sois plus cet enfant pauvre,
Reviens et reçois ton héritage.

Savourons notre bonheur
Et offrons-le à chacun.
Chérissons ce moment présent.
Laissons partir le fleuve de nos détresses
Et choyons la vie présente au creux de nos mains.

Thich Nhat Hanh

Introduction

L'enfant intérieur

En chacun de nous se trouve un enfant qui souffre. Nous avons tous connu des périodes difficiles et beaucoup d'entre nous ont été fortement perturbés durant l'enfance. Et pour nous protéger de toute cette souffrance, la seule solution que nous ayons trouvée a été d'oublier ces épisodes douloureux. Chaque fois que la douleur se réveille, cette sensation nous est si insupportable que nous refoulons nos sentiments et nos souvenirs au plus profond de notre inconscient. À tel point que nous pouvons passer des années et des années à négliger cet enfant blessé[1].

1. Cet ouvrage a été rédigé par Thich Nhat Hanh dans un style essentiellement oral. Certaines répétitions de termes ou de concepts constituent une caractéristique essentielle de ses enseignements et sont intentionnelles. Les éviter rendrait la lecture plus fluide, mais ôterait à l'écriture une certaine efficacité didactique. Si donc, pour les termes propres à l'auteur, nous avons choisi de proposer des synonymes, vous en trouverez ici d'autres fréquemment répétés dès lors qu'ils sont utiles à la pertinence du récit et à son objectif formateur. *(Toutes les notes sont de la traductrice.)*

Pourtant, ce n'est pas parce que nous l'ignorons que l'enfant n'est pas là. L'enfant blessé est toujours là, et il essaie d'attirer notre attention. Il se manifeste comme il peut : « *Je suis là. Je suis là. Tu ne peux pas m'ignorer. Tu ne peux pas me fuir.* » Désireux d'atténuer notre peine, nous refusons de l'entendre, et nous nous en tenons aussi éloignés que possible. En vain, car cette fuite ne met pas fin à notre souffrance ; bien au contraire, elle ne fait que la prolonger.

L'enfant blessé a besoin de soins et d'amour mais nous les lui refusons. La douleur et le chagrin qui nous habitent semblent insurmontables, et, effrayés par toute cette souffrance, nous la fuyons. Même si nous en avons le temps, nous ne revenons pas en nous-mêmes par peur de la confronter. Nous nous perdons dans une quête permanente de divertissements (télévision, cinéma, activités mondaines, alcool, drogues) parce que nous ne voulons plus faire l'expérience de toute cette souffrance.

L'enfant blessé est là et nous ne le savons même pas. C'est une réalité, mais nous ne pouvons pas la voir. Cette incapacité est une forme d'ignorance. Cet enfant a été sévèrement blessé. Il a vraiment besoin que nous revenions vers lui pour en prendre soin[1]. Et, malgré tout, nous nous détournons de lui.

L'ignorance infuse chaque cellule de notre corps et de notre conscience, telle une goutte d'encre diluée dans

1. Bien souvent, Thich Nhat Hanh nous invite à « embrasser » (en référence à l'anglais *embrace*) nos émotions, nos sensations, en les entourant comme une maman prend soin de son enfant, avec grande tendresse. Aussi, pour rendre au mieux son message, nous avons privilégié dans ce livre les expressions telles que « prendre dans ses bras avec douceur », « envelopper » ou « étreindre tendrement ».

un verre d'eau. Cette ignorance nous empêche de voir la réalité ; elle nous pousse à faire des choses idiotes qui nous font souffrir encore plus, tout en blessant encore et encore notre enfant intérieur.

Mais l'enfant blessé est lui aussi présent dans chacune de nos cellules. Il n'y en a pas une seule qui ne le porte en elle. Nul besoin de regarder loin dans le passé pour le trouver. Il suffit d'y être attentif, et le voilà qui nous apparaît. Sa souffrance est inscrite en nous à cet instant, maintenant.

Si la souffrance est présente dans chacune des cellules de notre corps, les graines[1] de compréhension profonde et de bonheur véritable héritées de nos ancêtres le sont également. Elles sont là, à notre disposition. La lampe de la pleine conscience est en nous, et nous pouvons décider de l'allumer à tout moment. Notre respiration, nos pas, notre sourire paisible en sont l'huile. Notre pratique consiste donc à allumer cette lampe pour que brille sa lumière et que se dissipent les ténèbres.

Dès l'instant où nous prenons conscience de l'existence de cet enfant blessé, et cessons de l'ignorer davantage, notre compassion pour lui peut grandir, et c'est alors que nous commençons à générer l'énergie de la pleine conscience. Et pour produire cette énergie, les pratiques de la marche, de l'assise et de la respiration en pleine conscience sont nos fondements. Grâce à elles, nous revenons à la sagesse éveillée présente dans chacune des cellules de notre corps. Cette énergie va nous accueillir et nous soigner et, ce faisant, elle guérira notre enfant blessé.

1. Le terme « graine » correspond au terme sanskrit *bija*.

Écoute

Quand nous parlons de l'écoute compatissante, nous pensons généralement qu'il s'agit d'écouter quelqu'un d'autre. Mais nous devons aussi nous écouter nous-mêmes, écouter l'enfant blessé en nous. Parfois, il émerge des profondeurs de notre conscience et sollicite toute notre attention. Si vous êtes en pleine conscience, vous entendrez sa voix appeler à l'aide. Alors, au lieu de faire attention à ce qui vous entoure, retournez à vous-même et prêtez-lui toute votre attention et votre tendresse. Vous pouvez lui parler avec amour : « *Dans le passé, je t'ai laissé seul. Je me suis détourné de toi, j'en suis sincèrement désolé. Je vais t'entourer de toute ma tendresse à présent.* » Vous pouvez dire aussi : « *Mon chéri, je suis là pour toi. Je vais bien prendre soin de toi. Je sais que tu as beaucoup souffert. J'ai été tellement occupé. Je t'ai négligé mais, à présent, j'ai appris comment revenir à toi.* » Vous pouvez pleurer ensemble, si c'est nécessaire. Chaque fois que vous en avez besoin, vous pouvez vous asseoir et respirer avec lui : « *J'inspire, je reviens à mon enfant blessé ; j'expire, je prends bien soin de mon enfant blessé.* »

Il est important que vous vous tourniez vers lui plusieurs fois par jour. Ce n'est qu'ainsi que la guérison pourra intervenir. Rassurez-le en l'enveloppant de votre tendresse, faites-lui sentir que jamais plus vous ne l'abandonnerez, que jamais plus vous ne le laisserez sans soins. Il est resté seul pendant si longtemps… Il est donc essentiel de commencer cette pratique dès à présent. Si vous ne le faites pas maintenant, quand le ferez-vous ?

Revenez à lui, écoutez-le avec attention chaque jour,

cinq ou dix minutes. Quand vous escaladez une belle montagne, invitez-le à la gravir avec vous. Quand vous contemplez le lever du soleil, invitez-le à partager votre joie. Si vous faites cela pendant quelques semaines ou quelques mois, la guérison pourra se manifester.

Avec la pratique, nous découvrons que cet enfant blessé n'est pas seulement nous, il peut représenter plusieurs générations. Notre mère a probablement souffert tout au long de sa vie. Notre père peut avoir souffert lui aussi. Peut-être nos parents n'étaient-ils pas capables de prendre soin de leur propre enfant intérieur ? Quand nous accueillons avec bienveillance notre enfant intérieur, nous accueillons donc aussi ceux des générations qui nous ont précédés. Cette pratique n'est pas une pratique pour nous seuls, mais pour d'innombrables générations d'ancêtres et de descendants.

Ne sachant pas comment prendre soin de leur enfant blessé, nos ancêtres nous l'ont transmis. Notre pratique a pour but d'interrompre ce cycle d'ignorance. Si nous parvenons à guérir notre enfant intérieur, nous pourrons non seulement nous libérer nous-mêmes, mais nous libérerons aussi ceux qui nous ont blessés ou qui ont abusé de nous. Car ceux qui ont abusé de nous ont certainement été victimes d'abus auparavant. Les personnes qui ont suivi cette pratique ont pu soulager leur souffrance et expérimenter de réelles transformations. La relation avec leur famille et leurs proches en est devenue plus facile, plus fluide.

Nous souffrons parce que nous n'avons pas été en contact avec les graines de compassion et de compréhension en nous-mêmes. Si nous parvenons à générer l'énergie de pleine conscience, si nous pouvons comprendre et aimer notre enfant intérieur, nous souffrirons beaucoup moins. Avec l'énergie de pleine conscience entraînant compassion et compréhension profondes, nous pouvons alors plus facilement recevoir l'amour des autres. Auparavant, nous nous montrions peut-être méfiants vis-à-vis de tout et de tous. La compassion peut alors nous aider à nous relier aux autres et à restaurer la communication.

Notre famille, nos amis et notre entourage peuvent eux aussi avoir un enfant intérieur grièvement blessé. Si nous parvenons à nous aider nous-mêmes, nous pouvons aussi aider les autres. Et, ainsi, nos relations avec notre entourage deviendront beaucoup plus simples. Il y aura davantage de paix et d'amour en nous.

Revenez à vous et prenez bien soin de vous. Votre corps, vos sensations, vos perceptions ont besoin de vous. L'enfant blessé a besoin de vous. Votre souffrance a besoin que vous la reconnaissiez. Revenez en vous et soyez là pour eux. Pratiquez la marche et la respiration en pleine conscience. Faites chaque activité en pleine conscience de façon à être vraiment là, et à pouvoir véritablement aimer.

Première partie

Enseignements sur l'art de guérir

1

L’énergie de pleine conscience

L’énergie de pleine conscience nous permet de reconnaître et de soigner le petit enfant qui vit en chacun de nous, notre « enfant intérieur ». Mais comment cultiver cette énergie ?

La psychologie bouddhique distingue deux types de conscience. D’une part, la conscience mentale et, d’autre part, la conscience du tréfonds[1]. La conscience mentale est notre conscience active. C’est ce que la psychologie occidentale nomme généralement le *conscient*. Pour développer l’énergie de pleine conscience, nous essayons d’engager notre conscience active et d’être vraiment présents dans chacune de nos activités. Nous veillons alors à être conscients lorsque nous buvons

1. Cette conscience correspond à ce que la psychologie moderne nomme « conscience de l’arrière-plan » (*Background Consciousness* en anglais). Cette conscience du tréfonds emmagasine et traite de nombreuses informations, agissant en dehors du mental. C’est là que se logent les graines (*bijas*), les semences qui sont au nombre de cinquante et une dans la tradition mahayana.

notre thé ou lorsque nous conduisons en ville. Lorsque nous marchons, nous cherchons à être conscients que nous sommes en train de marcher. En respirant, nous portons notre attention sur le fait que nous sommes en train de respirer.

La conscience du tréfonds, que l'on appelle également *conscience de l'arrière-plan*, est la base de notre conscience. Dans la psychologie occidentale, elle correspond à l'*« inconscient »*. Toutes nos expériences passées y sont stockées. C'est grâce à la conscience du tréfonds que nous pouvons apprendre et traiter les informations.

Bien souvent, notre esprit n'est pas ici, avec notre corps. Et nous effectuons nos activités quotidiennes sans que notre conscience mentale y participe. Beaucoup de nos gestes et actes quotidiens reposent uniquement sur notre conscience du tréfonds alors que, pendant ce temps, notre conscience mentale pense à des milliers d'autres choses. Quand nous conduisons notre voiture en ville, il est fréquent que notre conscience mentale ne pense pas du tout à la conduite, mais nous pouvons quand même atteindre notre destination sans nous perdre ni provoquer d'accident. La conscience du tréfonds fonctionne alors de manière autonome.

La conscience est comme une maison dont la cave constituerait notre conscience du tréfonds, et le salon notre conscience mentale. Les *formations mentales* comme la colère, la tristesse ou la joie demeurent dans la conscience du tréfonds sous la forme de graines (*bijas*, en sanskrit). Chacun de nous porte en lui, en elle, des graines de colère, de désespoir, de discrimination et de peur, mais nous avons aussi des graines de pleine conscience, de compassion, de compréhension, etc.

La conscience du tréfonds porte en elle toutes ces semences ; elle constitue également le terreau qui conserve et préserve toutes les graines. C'est là qu'elles demeurent, jusqu'à ce que l'une d'entre elles soit réveillée par ce que nous entendons, voyons, lisons ou pensons. La semence émerge alors et se manifeste en colère, joie ou tristesse au niveau de la conscience mentale, dans notre salon. Dès lors, nous ne l'appelons plus graine mais *formation mentale* (*citta-samskara*, en sanskrit). *Formation* est un terme bouddhique désignant ce qui résulte de la réunion de nombreuses conditions. Un stylo, par exemple, est une formation ; ma main, une fleur, une table, une maison sont toutes des formations, de différentes natures. Une maison, par exemple, est une formation physique, alors que ma main est une formation physiologique et ma colère une formation mentale.

C'est ainsi que, dès que quelqu'un touche notre graine de colère en disant ou en faisant quelque chose qui nous irrite, celle-ci va germer et se manifester dans notre conscience mentale sous forme de formation mentale de la colère. La psychologie bouddhique fait état de cinquante et une graines qui peuvent se manifester sous la forme de cinquante et une formations mentales. La colère n'est qu'une d'entre elles.

Chaque fois qu'elle émerge dans notre salon et se manifeste sous la forme d'une formation mentale, la première chose à faire est de toucher la graine de pleine conscience et l'inviter à se manifester elle aussi. Une deuxième formation mentale prend alors place dans notre salon au côté de la colère : la pleine conscience de la colère. La pleine conscience porte toujours sur quelque chose. Lorsque nous respirons en pleine conscience, nous faisons appel à la pleine conscience de la respiration. Lorsque nous marchons consciemment, nous développons la pleine conscience de la marche. Et lorsque nous mangeons en pleine conscience, il s'agit alors de la pleine conscience de la nourriture. Et donc, quand il s'agit de colère, comme dans notre exemple, c'est la pleine conscience de la colère qui se manifeste. C'est elle qui reconnaît la colère et en prend soin avec tendresse.

Notre pratique est fondée sur la vision profonde de la non-dualité : ne voyons donc pas la colère comme un ennemi. Colère et pleine conscience font toutes deux partie de nous ; et cette dernière n'est pas là pour supprimer ou combattre la colère, mais, au contraire, pour la reconnaître et en prendre grand soin. Elle est là, comme un grand frère qui aiderait son plus jeune frère. C'est ainsi que l'énergie de colère peut être reconnue et tendrement enveloppée par l'énergie de pleine conscience.

Chaque fois que nous avons besoin de l'énergie de pleine conscience, il nous suffit d'en toucher la graine avec notre respiration attentive, notre marche consciente et notre sourire. C'est ainsi que sera disponible l'énergie nécessaire au travail de reconnaissance et d'étreinte, puis de vision profonde et de transformation. Quoi que nous fassions, qu'il s'agisse de cuisiner, de balayer, de faire la lessive, de marcher ou de respirer, nous pouvons continuer à générer l'énergie de pleine conscience ; ainsi, sa graine pourra se renforcer en nous. Et si nous parvenons à la développer toujours plus, la graine de concentration pourra émerger à son tour. C'est grâce à ces deux énergies que nous pourrons nous libérer des afflictions.

L’esprit requiert une bonne circulation

Nous savons qu’il y a des toxines dans notre corps. Si notre circulation sanguine n’est pas bonne, ces toxines s’accumulent. Et pour rester en bonne santé, notre corps travaille à éliminer ces toxines. Quand le sang circule bien, les reins et le foie peuvent faire leur travail et éliminer les toxines. Nous pouvons aussi recourir aux massages afin d’améliorer la circulation.

À l’instar du corps physique, notre conscience peut elle aussi souffrir d’une mauvaise circulation. Il se peut qu’un bloc de souffrance, de peine, de tristesse ou de désespoir se soit formé en nous, comme une toxine dans notre conscience. C’est ce que nous appelons *formation interne* ou *nœud interne*. Accueillir notre peine et notre tristesse, leur ouvrir les bras avec l’énergie de pleine conscience, c’est comme offrir un doux massage à notre conscience. Nous savons par expérience que quand certaines choses ne circulent pas bien dans notre corps nos organes ne parviennent pas à remplir correctement leur fonction, et nous finissons par tomber malade. C’est en fait pareil pour le psychisme : s’il circule mal, notre esprit tombe également malade. Et c’est là qu’intervient notre pleine conscience, stimulant et accélérant la circulation à travers les blocs de souffrance.

Comment occuper le salon

Nos blocs de souffrance, de tristesse, de colère et de désespoir cherchent toujours à entrer dans notre conscience mentale, dans notre salon, mais nous ne voulons pas de ces hôtes indésirables, parce qu’il est douloureux de les regarder. Alors, nous tentons de leur barrer le passage. Nous voulons qu'ils restent cachés dans notre cave. Nous ne voulons pas leur faire face. C'est ainsi que nous avons pris l'habitude de remplir le salon avec d'autres invités et, dès que nous disposons de dix ou quinze minutes de temps libre, nous faisons tout pour que notre salon reste occupé. Nous appelons un ami ou nous prenons un livre. Nous allumons la télévision. Nous espérons que ces visiteurs indésirables ne viendront pas si le salon reste bien occupé…

Or, toutes les formations mentales ont besoin de circuler. Et si nous les bloquons, si nous ne les laissons pas émerger, c'est toute la circulation de notre esprit qui s'en trouvera entravée, nous exposant ainsi au risque de développer des symptômes de maladie mentale et de dépression, tant dans notre esprit que dans notre corps.

Parfois, nous prenons de l'aspirine dans l'espoir d'apaiser un mal de tête, et cependant la douleur persiste. Ce genre de symptôme pourrait témoigner d'un déséquilibre mental. Souffrons-nous d'allergies ? Nous pensons que c'est un problème purement physique mais les allergies peuvent également être un symptôme de déséquilibre psychique. Si nous demandons conseil au médecin, il nous prescrira peut-être des médicaments mais, parfois, ceux-ci ne feront que contribuer au refoulement de nos formations internes, aggravant alors notre maladie.

Faire tomber les barrières

L'enfant qui nous habite ressent peut-être beaucoup de peur et de colère, tant il est demeuré longtemps à la cave. Nous ne pouvons pas l'éviter. Quand nous apprenons à ne plus craindre nos nœuds de souffrance, nous commençons à les laisser progressivement circuler dans notre salon. Nous apprenons peu à peu à les accueillir, à accepter leur présence et à les transformer avec l'énergie de pleine conscience. Lorsque nous laissons tomber la barrière entre la cave et le salon, des blocs de souffrance risquent d'émerger, nous confrontant alors à davantage de souffrance.

Si la pleine conscience n'est pas là, l'émergence de ces graines sera peut-être particulièrement pénible. Mais si nous savons comment générer l'énergie de pleine conscience, il est utile, voire bénéfique de prendre l'habitude de les inviter chaque jour et de les accueillir quelque temps. La pleine conscience est en effet une source d'énergie puissante qui peut reconnaître, étreindre tendrement ces énergies négatives et en prendre soin. Si ces graines n'osent pas se manifester dans les premiers temps, car elles sont bien trop effarouchées, alors il vous faudra sans doute les cajoler un peu. Chaque fois, après avoir été étreinte par la pleine conscience pendant un certain temps, une émotion forte pourra regagner la cave à l'état de graine, plus faible qu'avant.

Chaque fois que vous offrez un bain de pleine conscience à vos formations internes, les blocs de souffrance en vous s'allègent. Alors n'hésitez pas, chaque jour, à baigner ainsi votre colère, votre désespoir, votre peur. Si vous maintenez cette pratique au quotidien, durant plusieurs jours voire plusieurs semaines, en laissant émerger vos graines de souffrance et en les aidant ensuite à redescendre, vous offrirez une bien meilleure circulation à votre esprit.

Le rôle de la pleine conscience

La première fonction de la pleine conscience est de reconnaître, et non de combattre. Nous pouvons nous arrêter à tout moment et prendre conscience de notre enfant intérieur. Quand nous le reconnaissons pour la première fois, tout ce que nous avons à faire est d'être conscient de sa présence et de lui dire bonjour. C'est tout. L'enfant est peut-être triste. Si c'est le cas, nous pouvons simplement respirer en pleine conscience et dire : *« J'inspire, je sais qu'il y a de la tristesse en moi. Bonjour ma petite tristesse. J'expire, je vais prendre bien soin de toi. »*

Quand nous avons reconnu notre enfant intérieur, la deuxième fonction de la pleine conscience est de l'entourer de toute notre tendresse. C'est une pratique très agréable. Au lieu de combattre nos émotions, nous prenons bien soin d'elles. Nous avons d'ailleurs une grande alliée que nous offre la pleine conscience : la concentration. Si nous reconnaissons, étreignons avec douceur l'enfant, le prenant tendrement dans les bras, quelques minutes suffiront à apporter de l'apaisement. Les émotions difficiles seront encore là, mais nous ne souffrirons plus autant.

Après avoir reconnu et enveloppé avec grande douceur et tendresse l'enfant, la troisième fonction de la pleine conscience sera de soulager nos émotions difficiles. Dès que nous entourons tendrement cet enfant, les émotions difficiles s'apaisent et nous commençons à nous sentir mieux. Ainsi, prenant bien soin de nos fortes émotions, avec grande douceur, et les baignant de notre pleine conscience et de notre concentration, nous serons en mesure d'en percevoir les racines. Si nous percevons mieux d'où vient notre souffrance, celle-ci pourra s'apaiser, tout naturellement. C'est ainsi que la pleine conscience peut à la fois reconnaître, étreindre tendrement et soulager.

C'est encore cette même énergie qui pourra donner naissance à l'énergie de la concentration et, à son tour, à l'énergie de la vision profonde, qui a le pouvoir de nous libérer. La concentration nous aide à nous focaliser sur une seule chose à la fois, et c'est alors que notre vision peut s'approfondir, s'élargir, permettant ainsi une sorte de percée dans la réalité. Si notre pleine conscience est présente et que nous parvenions à la maintenir pleinement vivante, la concentration se manifeste, elle aussi. Et, si nous la gardons bien présente, c'est la vision profonde, libératrice, qui pourra ensuite émerger. Nous voyons donc que l'énergie de pleine conscience est véritablement celle qui nous permet de regarder en profondeur et d'acquérir la vision profonde dont nous avons besoin pour rendre possible toute transformation.

2

Nous sommes nos ancêtres et nos descendants

Avez-vous des souvenirs de votre séjour dans le ventre de votre maman ? Nous y avons tous séjourné environ neuf mois, ce qui est relativement long, et certains d'entre nous en ont gardé quelques souvenirs ou quelques sensations. Nous arrivait-il de sourire ou de pleurer ? Notre tendance naturelle, lorsque nous sommes heureux, est de sourire. Il est donc fort probable que nous ayons tous eu l'occasion de sourire durant ces neuf mois… Personnellement, j'ai déjà pu voir des enfants sourire durant leur sommeil ; il doit certainement y avoir quelque chose de merveilleux en eux pour qu'ils sourient ainsi.

Peut-être avons-nous gardé l'impression d'avoir vécu dans un paradis dans lequel nous nous sentions en sécurité, protégés, où nous n'avions à nous préoccuper de rien. Mais, à présent, nous avons perdu ce paradis.

En vietnamien, « utérus » se dit *tu cung*, le « palais de l'enfant ».

Dans ce palais, notre maman mangeait pour nous, elle buvait et respirait pour nous. À votre avis, vous arrivait-il parfois de rêver ? Certes, dans le ventre de notre mère, nous ne pouvions pas encore voir le ciel, ni les rivières. Mais, dans nos rêves, peut-être y avait-il déjà quelque chose. Il est possible que nous percevions ce que notre maman voyait dans ses rêves, ou que nous pleurions comme elle si elle rêvait de quelque chose de douloureux et qu'elle versait des larmes. Et lorsqu'elle souriait, peut-être faisions-nous pareil. Nous formions une seule personne, et non deux. Nous étions physiquement reliés par le cordon ombilical. Et c'est par ce cordon que notre maman nous procurait nourriture, boisson, oxygène et tout ce dont nous avions besoin, y compris l'amour.

Cela ne veut pas dire que notre papa ne nous apportait rien durant cette période. Certains d'entre nous ont eu un père qui était conscient de leur présence et qui savait être particulièrement attentif à notre mère pour qu'elle, à son tour, puisse prendre soin de nous. Peut-être lui parlait-il d'une voix aimante ou, sachant que nous pouvions l'entendre, nous parlait-il à nous, tendrement, à travers le ventre.

Certains parmi nous ont peut-être eu la chance d'avoir une maman qui leur parlait quand ils étaient encore en elle. Nous pouvions parfois l'entendre et lui répondre. À l'inverse, elle aura certainement oublié notre présence à certains moments. Alors, nous lui donnions un coup de pied pour nous rappeler à elle. C'était comme une cloche de pleine conscience qui la réveillait et l'invitait alors à répondre : *« Mon enfant chéri, je sais que tu es là et j'en suis très heureuse. »*

À notre naissance, le cordon ombilical a été coupé et nous avons poussé notre premier cri. Baignés de lumière tout autour de nous, nous devions respirer par nous-mêmes. Peut-être notre maman continuait-elle à nous envelopper de ses bras, nous donnant la sensation d'être encore en elle, même si nous n'y étions plus. Elle nous enveloppait de tout son amour et nous faisions pareil. Même si nous n'étions plus reliés par le cordon, nous étions encore en lien de manière très concrète et intime.

Inter-être[1]

Avec la pratique de la méditation, nous pouvons encore percevoir le cordon ombilical qui nous relie à notre maman. Nous voyons qu'elle n'est pas seulement à l'extérieur mais aussi en nous. Grâce à la vision profonde, nous pouvons voir les cordons ombilicaux qui nous relient aux autres choses, aux autres personnes. Imaginez un cordon qui vous relie au Soleil. Le Soleil se lève chaque matin, et c'est grâce à lui que nous pouvons profiter de la lumière et de la chaleur. Sans le Soleil et sans la chaleur, nous ne pourrions survivre.

---

1. Le terme *inter-être* est cher à Thich Nhat Hanh ; il l'utilise très fréquemment pour illustrer le fait que tout dans l'Univers est relié, que rien n'existe par soi, et que tout être, toute chose dépend de multiples autres conditions pour exister. Comme il l'explique dans le texte *Inter-être ou l'interdépendance de tous les phénomènes* : « Le mot "inter-être" ne figure pas encore dans le dictionnaire mais, en combinant le préfixe "inter" et le verbe "être", nous obtenons un nouveau verbe, *inter-être*. Sans nuage, nous n'aurions pas de papier ; nous pouvons donc dire que le nuage et la feuille de papier inter-sont. » *Le Cœur de la compréhension*, Village des Pruniers, 1990, p. 7-10.

De la même manière qu'un bébé dépend de sa mère, nous dépendons du Soleil. Un cordon nous relie à lui. On peut même dire qu'il existe une infinité d'autres cordons… Nous sommes reliés aux nuages car, s'ils n'étaient pas là, il n'y aurait ni pluie, ni eau, ni lait, ni thé, ni café, ni crème glacée, rien de tout cela. Un autre cordon nous relie à la rivière et un autre à la forêt. En poursuivant ainsi, nous voyons que nous sommes reliés à chaque être et à chaque chose dans le cosmos. Nous dépendons d'autres êtres pour exister. Nous avons autant besoin de l'animé que du non-animé, comme les plantes, les minéraux, l'air et l'eau.

En grandissant, nous pourrions facilement penser que nous sommes une personne et notre maman une autre, deux entités bien distinctes. Or, ce n'est pas vraiment le cas. Nous sommes le prolongement de notre mère, et c'est à tort que nous pensons être une personne différente d'elle. En réalité, nous sommes la continuation de notre mère et de notre père, tout comme celle de nos ancêtres.

Prenons l'exemple d'un grain de maïs que nous plantons en terre. Sept jours plus tard, il germe et commence à prendre la forme d'un plant de maïs. Quand l'épi a poussé, nous ne voyons plus la graine mais elle n'est pas morte pour autant, elle est toujours là. En regardant profondément, nous pouvons voir que la graine est toujours dans la plante. L'épi et sa semence ne sont pas deux entités distinctes, l'un est la continuation de l'autre. Le plant est le prolongement de la graine vers le futur, et la graine le prolongement du plant vers le passé. Ils ne sont ni la même chose ni deux choses différentes. Vous et votre maman n'êtes pas exactement la même personne, mais vous n'êtes pas vraiment deux personnes totalement distinctes non plus. Cet enseignement est très important, car il nous montre à quel point aucune personne ne peut exister uniquement par elle-même. Nous « inter-sommes », en lien avec tous et tout.

En examinant une cellule de notre corps ou en notre conscience, nous pouvons reconnaître la présence de toutes les générations d'ancêtres en nous. Il ne s'agit pas seulement des êtres humains car, bien avant leur apparition, nous étions d'autres espèces. Nous avons été minéral, arbre, plante, organisme cellulaire, écureuil, daim, singe. Toutes ces générations d'ancêtres sont présentes dans chacune des cellules de notre corps et dans notre esprit. Et chacun de nous est le prolongement naturel de ce courant de vie.

Regardons la feuille d'un arbre. Que voyons-nous ? Une feuille est une feuille, ce n'est pas une fleur. Pourtant, si nous la regardons profondément, nous pouvons y voir beaucoup de choses : l'arbre, le rayon de soleil, le nuage, la terre. En prononçant le mot « feuille », nous devons être conscients qu'une feuille est constituée d'éléments « non feuille ». Or, si nous retirons les éléments non feuille, tels que les rayons du soleil, les nuages et le sol, il n'y aura plus de feuille. Il en va de même pour notre corps et nous-mêmes. Nous ne sommes ni identiques ni séparés des autres êtres vivants ou inanimés. Nous sommes en lien avec tout, et toute chose est pleinement vivante.

Le karma de la pensée, de la parole et de l'action

Les compositeurs et les peintres signent souvent leur création de leur nom. Dans notre vie quotidienne, nous produisons des pensées, des paroles et des actions.

Chacune de nos pensées porte notre signature. En examinant nos pensées, qu'elles soient justes ou fausses, nous pouvons voir qu'elles portent notre nom, elles sont notre propre production. La pensée « juste » est une pensée issue de la compréhension, de la compassion et de la vision profonde. Nous devrions veiller à ce que toutes nos pensées soient de cette nature, à tout moment de notre vie quotidienne ; chaque moment de notre vie nous en offre l'occasion. Notre pensée est à la base de nos paroles et de nos actions. Nous transmettons nos pensées, nos paroles et nos actions – c'est-à-dire notre *karma* – à nos enfants et au monde entier ; c'est là qu'est notre véritable avenir.

Tout ce que nous disons est aussi notre production. Que notre parole soit juste ou erronée, elle porte notre signature. Tout ce que nous disons peut provoquer colère, désespoir ou pessimisme. Nos mots peuvent faire des dégâts. Avec la pleine conscience, nous éprouvons de la joie à produire des paroles justes, celles qui accompagnent la compréhension, la compassion, la joie et le pardon. Grâce à la pratique de la pleine conscience, nous avons la possibilité de prononcer une parole juste à chaque instant, une parole aimante qui porte notre signature et que nous transmettons à nos enfants et au monde. C'est là notre véritable continuation.

Nos actions physiques portent également notre signature. Ainsi, toute action que nous posons et qui contribue à protéger la vie, à apaiser la souffrance d'autres personnes, et qui exprime notre compréhension et notre compassion peut être qualifiée d'*action juste*. Et comme tous nos actes émanent pleinement de nous, nous ne pouvons pas les nier. Il nous appartient de cultiver la pleine conscience afin de ne produire aucun acte de violence, haine, peur ou discrimination, car de tels actes porteront eux aussi notre signature. C'est ainsi que nous créons notre propre futur, en offrant nos meilleures pensées, nos meilleures paroles, nos plus belles actions. Là encore, c'est la pleine conscience qui pourra nous aider à reconnaître si nous produisons de bonnes choses pour l'avenir ; elle nous rappelle que tout ce que nous produisons nous appartient et constitue notre continuation.

Marcher avec nos ancêtres

Petit enfant, du haut de nos quatre ans, nous nous disions probablement : *« Je ne suis qu'un enfant de quatre ans, un garçon ou une fille, un petit frère ou une petite sœur. »* Mais en fait nous étions déjà une mère ou un père, car toutes les générations passées et futures étaient déjà présentes dans notre corps. En posant le pied dans l'herbe verte du printemps, nous marchons de façon à ce que nos ancêtres puissent faire un pas avec nous. La Paix, la Joie et la Liberté de chacun de nos pas pénétreront chaque génération de nos ancêtres et descendants. Nous marchons avec l'énergie de la pleine conscience et, à chacun de nos pas, nous voyons d'innombrables générations d'ancêtres et descendants marchant à nos côtés.

Lorsque nous respirons en pleine conscience, nous sommes légers, calmes et parfaitement à l'aise, de telle sorte que toutes les générations d'ancêtres et de descendants puissent elles aussi respirer avec nous. Et c'est alors que nous respirons conformément aux plus hauts enseignements. Nous n'avons besoin que d'un peu de pleine conscience et de concentration pour accéder à la vision profonde. Dans un premier temps, nous pouvons utiliser une technique de visualisation pour voir tous nos ancêtres faire un pas avec nous, mais, au bout d'un moment, ce ne sera même plus nécessaire. À chacun de nos pas, nous sentons que ce pas est celui de tous les êtres du passé et du futur.

Quand nous cuisinons un plat que nos parents nous ont appris à faire, une recette transmise de génération en génération dans notre famille, nous devrions regarder nos mains et sourire parce que ces mains sont celles de notre mère, de notre grand-mère. Et ces mêmes personnes sont en train de cuisiner maintenant avec nous. En cuisinant, nous pouvons être en pleine conscience ; nous n'avons pas besoin d'aller dans la salle de méditation pour pratiquer ainsi.

Pensez-vous que votre grand-père a eu la chance de jouer au volley-ball ? Et votre grand-mère, faisait-elle du jogging tous les jours ? Pouvait-elle être pleinement dans le moment présent en marchant ou en courant ? Si, aujourd'hui, vous avez la chance de pouvoir pratiquer le jogging, invitez votre grand-mère à courir avec vous car elle est bien présente dans chacune des cellules de votre corps. Nous portons tous nos ancêtres en nous, ils nous accompagnent dans chacun de nos gestes, que ce soit en courant, en pratiquant la marche consciente ou quand nous nous établissons dans la joie du moment présent. Les générations qui nous ont précédés n'ont vraisemblablement pas connu cette pratique. Mais désormais, que nous pratiquions la marche, la course ou la respiration conscientes, nous avons la possibilité d'apporter joie et bonheur à d'innombrables générations d'ancêtres.

Quand nous nous tourmentons pour des questions telles que : *« Qui suis-je ? », « D'où est-ce que je viens ? »,*

« M'a-t-on vraiment désiré(e) ? », « Quel est le sens de ma vie ? », nous souffrons parce que nous sommes prisonniers de l'idée d'un soi séparé. Mais si nous regardons profondément, nous pouvons prendre conscience de ce qu'est le *non-soi*, en réalisant que nous ne sommes pas un soi séparé, que nous sommes en lien véritable avec nos ancêtres, avec tous les êtres vivants et inanimés.

Les psychothérapies occidentales ont pour but d'aider à construire un soi stable et équilibré. Mais comme elles sont encore prisonnières de l'idée d'un soi, elles ne peuvent apporter que de petites transformations et qu'une légère guérison ; cela ne peut malheureusement pas mener très loin. Tant que nous sommes prisonniers de l'idée d'un soi séparé, nous restons dans l'ignorance. En revanche, si nous parvenons à entrer dans cette dimension du non-soi, nous pourrons aller bien au-delà des questions qui nous font tant souffrir. En percevant la relation intime entre ce qui est soi et ce qui n'est pas soi, l'ignorance pourra guérir et, de ce fait, souffrance, colère, peur et jalousie disparaîtront à leur tour.

Nous sommes tous la continuation du courant de la vie. Nos parents n'ont peut-être pas été toujours à même de nous apprécier, mais nos grands-parents et nos ancêtres voulaient que nous vivions. Tous ont toujours voulu que nous les prolongions. En développant cette conscience-là, nous ne souffrirons plus autant du comportement de nos parents. Ils sont tantôt pleins d'amour, tantôt pleins de colère, et c'est bien ainsi. Dès que nous pouvons reconnaître que l'amour et la colère ne nous ont pas été transmis par eux uniquement mais par toutes les générations précédentes, nous n'avons plus à blâmer nos parents pour notre souffrance.

L’énergie d’habitude

L’objet de la méditation est de regarder quelque chose en profondeur afin d’en découvrir les origines. Quelle que soit notre action, si nous l’examinons en profondeur, nous serons en mesure d’en identifier les racines. Notre façon d’agir peut provenir de nos ancêtres ; d’ailleurs, ils agissent toujours en même temps que nous, dans toutes nos actions. Ainsi papa, grand-père et arrière-grand-père sont avec nous ; maman, grand-mère et arrière-grand-mère sont présentes elles aussi, dans chacune des cellules de notre corps. Certaines graines sont plantées durant notre vie, d’autres étaient là bien avant notre manifestation dans ce corps physique.

Parfois nous agissons sans intention particulière ; c’est l’*énergie d’habitude* qui nous entraîne et nous pousse à faire certaines choses, sans que nous nous en rendions compte. Il nous arrive d’agir sans conscience de ce que nous faisons ou de poser des actes que nous voulions pourtant éviter. Qui parmi nous ne s’est jamais surpris à dire : *« Je ne voulais pas le faire, mais c’était plus fort que moi, j’ai été emporté(e) »* ? C’est ce que nous appelons une *graine*, une *énergie d’habitude*, dont l’origine est probablement à rechercher parmi les nombreuses générations passées.

Nous avons hérité de nombreuses graines. Et, grâce à la pleine conscience, nous pouvons identifier les énergies d’habitude qui nous ont été transmises. Nous verrons par exemple que nos parents ou nos grands-parents présentaient les mêmes faiblesses que nous et, sans porter de jugement, nous comprendrons que nos habitudes négatives proviennent de ces racines ancestrales. Nous pouvons alors simplement sourire à nos défauts et à nos habitudes d'énergie. Avec lucidité, nous pouvons choisir d'agir différemment et, ainsi, mettre immédiatement fin au cycle de la souffrance.

Il nous est sûrement déjà arrivé de nous surprendre à faire des choses sans en avoir vraiment l'intention et de nous faire ensuite de lourds reproches à ce sujet. Ces attitudes s'observent principalement quand nous nous percevons comme un individu, isolé et plein de défauts ; en revanche, si nous pouvons reconnaître ces énergies d'habitude et le fait qu'elles nous ont simplement été transmises, nous parviendrons peu à peu à les transformer et à les abandonner.

Avec la pratique de la pleine conscience, nous pourrons vite repérer quand un acte répétitif s'est installé. C'est la première compréhension à laquelle elle nous donne accès. Dans un second temps, si nous le souhaitons, la pleine conscience et la concentration nous aideront à découvrir l'origine de cet acte, qu'il ait été déclenché par quelque chose qui s'est produit hier ou que ses racines soient bien plus anciennes, parmi nos ancêtres, peut-être trois cents ans plus tôt. Dès que nous prenons conscience de nos actes, nous pouvons reconnaître s'ils sont vraiment bénéfiques et, dans le cas contraire, décider de ne pas les poursuivre. Ainsi, si je suis pleinement conscient de mes tendances et, dès lors, bien déterminé dans mes pensées, mes paroles et mes actes, je pourrai me transformer moi-même, mais aussi transformer les ancêtres qui ont semé ces graines en moi. Chacun pratique donc autant pour soi-même que pour tous ses ancêtres, ses descendants, et donc pour le monde entier.

Lorsque nous sommes capables de sourire face à une provocation, nous pouvons prendre conscience de cette capacité en nous, l'apprécier et la développer. Cela signifie aussi que nos ancêtres peuvent sourire à ce qui les provoque. Ainsi, une personne capable de garder son calme et de sourire face aux provocations aidera le monde entier à accéder à la paix. La clef principale est d'être simplement pleinement conscient de la nature de nos actes. Et la pleine conscience nous aidera ensuite à en comprendre l'origine.

3

Peur originelle, désir originel

Notre peur est née en même temps que nous. Or, au cours des neuf mois où nous avons vécu dans le ventre de notre maman, nous nous sentions en grande sécurité. Nous n'avions rien à faire, tout y était si confortable… À la naissance, la situation a radicalement changé ; le cordon ombilical rompu, nous avons dû apprendre à respirer par nous-mêmes. Et, avant de pouvoir prendre notre première inspiration, nous avons vraisemblablement dû faire l'effort d'expulser le liquide encore présent dans nos poumons. Notre survie dépendait de ces premières respirations, et c'est précisément de ce moment-là que provient ce qu'on nomme la *peur originelle*. Nous voulons survivre et, tel un bébé fragile, nous avons des bras et des jambes, mais nous ne pouvons pas nous en servir. Nous avons besoin que quelqu'un prenne soin de nous. Cette *peur originelle* est toujours assortie d'un désir, le *désir originel*. Il y a, d'une part, la peur d'être abandonné et, d'autre part, le désir de survivre. Et tous deux nous habitent encore aujourd'hui, même à l'âge adulte.

En fait, peur et désir ont les mêmes racines, et c'est parce que nous craignons tous de mourir que nous éprouvons du désir. Nous désirons qu'une personne soit là pour nous aider à survivre. Nous espérons à chaque instant son arrivée pour nous aider, nous protéger. Nous nous sentons totalement démunis, avec l'impression de ne pas avoir les moyens de survivre par nous-mêmes. Il nous faut impérativement quelqu'un d'autre. Or, si nous examinons en profondeur notre désir, nous percevrons qu'en chacune de nos attentes se trouve le prolongement du désir originel. C'est précisément parce que nous n'avons pas identifié le désir de notre enfant intérieur que notre désir actuel est impossible à satisfaire. Nous voulons une nouvelle relation, un nouveau travail ou davantage d'argent. Mais, une fois que nous les obtenons, nous ne parvenons pas à nous en réjouir. Désir après désir, nous restons insatiables.

Reconnaître que toutes les conditions de bonheur sont déjà là

Le Bouddha nous a enseigné la pratique de *samtusta* (en sanskrit), que l'on peut traduire par prise de conscience que l'on peut se satisfaire de peu. Reconnaissant que nous avons assez de conditions pour être heureux, ici et maintenant, nous n'avons pas besoin d'obtenir davantage. Quand nous prenons refuge dans l'instant présent, nous identifions toutes les conditions de bonheur dont nous disposons et nous voyons qu'elles sont largement suffisantes pour être heureux dès à présent. Cessons de convoiter tant de choses, et reconnaissons que même si nous obtenons l'objet de notre désir, nous n'en serons pas plus heureux, et que nous développerons même d'autres désirs.

Au contraire, si nous nous sentons suffisamment en sécurité, nous parviendrons peut-être à ne plus éprouver aucune attente spécifique. La petite maison que j'occupe est bien suffisante, je n'en ai vraiment pas besoin d'une plus grande. Elle a beaucoup de fenêtres et le paysage qu'elle m'offre est magnifique. Tous, nous pouvons prendre conscience d'avoir bien assez de raisons d'être heureux. Pourquoi donc nous projeter dans le futur pour en acquérir d'autres ? Ce que nous avons est largement suffisant pour nous. Dès que nous adoptons ce style de vie, nous devenons une personne heureuse.

Mais comment incarner cette sagesse dans notre vie moderne alors que tant de personnes autour de nous pensent encore que l'on ne peut être heureux qu'avec beaucoup d'argent et de pouvoir ? Prenons le temps de regarder autour de nous, et nous constaterons que nous sommes tous entourés de personnes riches et puissantes mais qui souffrent encore très profondément de stress et de solitude. Cela montre combien pouvoir et argent sont loin d'offrir la solution. Pour y remédier, nous devons dès à présent apprendre l'art de vivre en reconnaissant ce que nous avons et en nous en réjouissant.

Nous sommes prisonniers du passé

La conscience du tréfonds est comme un studio où sont projetés en permanence les films de notre passé, un lieu où nous conservons le souvenir de nos expériences traumatisantes et douloureuses. Même si nous savons que le passé est révolu, ses images sont toujours là et, régulièrement, nous y retournons, que ce soit en rêve ou en réalité, retouchant à la souffrance passée. Nous avons tous tendance à nous emprisonner dans le passé. Nous savons qu'il n'est plus là, que nos souvenirs ne sont qu'un film, des images appartenant au passé, et pourtant le film est toujours projeté. Et, à chaque « séance », nous souffrons à nouveau.

Supposons maintenant que nous soyons au cinéma, assistant à la projection d'un film. Assis dans notre fauteuil et regardant le film, nous pouvons croire que l'histoire qui se déroule sous nos yeux est la réalité. Nous pouvons même nous laisser toucher au point de verser des larmes. La souffrance est réelle, les larmes sont réelles. Et pourtant, l'histoire ne se déroule pas maintenant, ce n'est qu'un film. À présent, suivez-moi et approchons-nous de l'écran, touchons-le… Que constatons-nous ? Il n'y a personne ici, il n'y a que de la lumière projetée sur l'écran. Nous ne pouvons pas parler aux personnes qui sont sur l'écran, nous ne pouvons pas les inviter à déguster un thé avec nous ; tout cela n'est que fiction, irréel. Et pourtant cela mène parfois à une réelle souffrance, voire une vraie dépression.

Il est essentiel d'être conscient que l'enfant intérieur est toujours là, prisonnier du passé, et qu'il nous appartient de lui venir en aide. Assis de manière stable, établis dans le moment présent, parlons-lui : *« Cher petit frère, chère petite sœur, je tiens à ce que tu saches que nous avons grandi. Aujourd'hui, nous sommes tous deux parfaitement capables de nous protéger et de nous défendre par nous-mêmes. »*

L’attention appropriée

Si nous avons souffert d’abus, petit enfant de sept ans peut-être, nous porterons toujours en nous l’image de cet enfant vulnérable et empli de peur. Et chaque fois que nous entendrons quelque chose qui nous rappellera cette souffrance, nous serons directement remis au contact de l’image ancienne. Aujourd’hui adulte, il y a une multitude de situations et de choses, parmi ce que nous voyons, entendons et expérimentons, qui ont pour effet de nous ramener à ce souvenir de souffrance.

Si nous avons été victimes d’une souffrance telle qu’un abus, ce que nous voyons ou entendons à présent est presque toujours susceptible de nous ramener à l’image de l’événement traumatisant de l’enfance. Ce contact quasi permanent avec les images du passé peut engendrer des sentiments de peur, de colère et de désespoir. C’est ce que nous appelons l’*attention inappropriée (ayoniso manaskara*, en sanskrit), parce qu’elle nous éloigne de l’instant présent, en nous plongeant dans un lieu d’ancienne souffrance. C’est alors qu’il est essentiel de disposer d’outils pour gérer la tristesse, la peur et la souffrance qui émergent.

Le son de la cloche nous rappelle d’arrêter pensées et paroles pour revenir à notre inspiration et à notre expiration. Il peut nous délivrer de l’image de souffrance en nous invitant à apprécier notre respiration profonde, l’apaisement de notre corps et de notre esprit, notre sourire. Quand la souffrance monte, notre pratique est d’inspirer et d’expirer en récitant : *« J’inspire et je sais que la souffrance est en moi. »* Par la pratique, nous reconnaissons, accueillons et enveloppons cette formation mentale avec une grande tendresse. Et si nous nous appliquons, nous pourrons aller plus loin. Par la pleine conscience et la concentration, nous pourrons alors retourner à l'image et comprendre ce qui l'a fait surgir : « *J'éprouve* ceci *parce que j'ai été en contact avec* cela. »

Beaucoup d'entre nous ne parviennent pas à quitter le monde des images. L'énergie de pleine conscience se présente alors comme un merveilleux outil pour reconnaître que notre ancienne souffrance n'est qu'une image, et non la réalité. C'est ainsi que nous pourrons voir combien la vie et toutes ses merveilles sont disponibles pour nous, ici et maintenant, et qu'il est possible de vivre heureux dans le moment présent. Nous pouvons changer toute la situation.

La souffrance est notre véritable maître

Notre capacité à comprendre la souffrance permet de développer notre compassion et notre amour. Sans elles deux, le bonheur ne peut exister. La compréhension et la compassion prennent naissance dans la souffrance et, dès que nous parvenons à comprendre celle-ci, nous ne blâmons plus personne ; nous acceptons, emplis de compassion. C'est en cela qu'elle nous est utile. En revanche, si nous ne savons pas comment en prendre soin, nous pouvons facilement sombrer dans un océan de souffrance. Elle est donc notre maître, elle pourra nous enseigner énormément de choses si nous apprenons à la gérer.

Nous avons tous tendance à fuir notre souffrance, à l'éviter et à privilégier la recherche du plaisir. Or, il est essentiel d'apprendre à notre mental que la souffrance peut parfois être très bénéfique. Nous pouvons même parler des bénéfices de la souffrance car c'est elle qui nous montre comment approfondir notre compréhension ; celle-là même qui permettra à l'acceptation et à l'amour de s'épanouir tout naturellement. À l'inverse, sans compréhension, sans amour il ne peut y avoir de véritable bonheur. Nous voyons ainsi que la souffrance est étroitement liée au bonheur et que nous ne devrions pas la craindre. Au contraire, chacun devrait être capable de contenir sa souffrance et l'examiner en profondeur, l'entourer de tendresse et écouter ce qu'elle peut enseigner. Nous pouvons apprendre beaucoup de notre souffrance, son apport est bien réel puisque, sans elle, il n'y aurait pas de bonheur. Sans boue, il ne peut pas y avoir de fleur de lotus. Ainsi, si vous savez *comment* souffrir, la souffrance ne sera plus du tout un problème puisqu'en adoptant cette attitude d'accueil véritable vous la sentirez nettement moins. Et c'est du cœur même de cette souffrance que pourra éclore la belle fleur du bonheur.

Les cinq remémorations

Le Bouddha nous a enseigné que la graine de la peur est en chacun de nous, mais que la plupart la refoulent et l'enferment dans les ténèbres. C'est pour nous aider à identifier, étreindre et examiner en profondeur ces graines de la peur qu'il nous a transmis la pratique des *Cinq Remémorations*.

1. Il est dans ma nature de vieillir. Je ne peux échapper à la vieillesse.
2. Il est dans ma nature d'être malade. Je ne peux échapper à la maladie.

3. Il est dans ma nature de mourir. Je ne peux échapper à la mort.
4. Tout ce qui m'est cher et tous ceux que j'aime, j'en serai séparé un jour. Je ne peux échapper au fait d'être un jour séparé d'eux. Je ne peux rien garder. Je suis venu ici les mains vides et je repartirai les mains vides.
5. J'hérite du fruit des actions de mon corps, de mes paroles et pensées. C'est la seule chose que je puisse emmener avec moi.

Nous devrions prendre ainsi chaque jour quelques instants pour pratiquer chaque contemplation, tout en suivant notre respiration. La pratique des Cinq Remémorations permet de faire circuler la graine de la peur. Il nous suffit de l'inviter à monter pour l'identifier et l'étreindre avec grande douceur, et, tout naturellement, elle pourra s'atténuer en regagnant le tréfonds.

La peur constitue un véritable terreau propice à la croissance de la colère. Comment pourrions-nous donc être en paix ? La peur se fonde sur l'ignorance, et ce manque de compréhension est lui-même une des principales causes de la colère. À l'inverse, si nous examinons régulièrement la graine de la peur, nous serons nettement mieux préparés à prendre soin de notre colère, qui prend naissance en son sein.

4

Respirer, Marcher, Lâcher prise

Respirer, nous le faisons constamment, chaque jour ; pourtant, pour beaucoup d'entre nous, il est rare de respirer consciemment. Or la respiration consciente est un formidable véhicule pour nous ramener à la fois à notre corps, à nos sensations et à notre esprit. Cela ne prend guère de temps, mais comment faire ?

Notre pratique est de revenir au moment présent, à l'Ici et Maintenant, car c'est là que nous pouvons être profondément en contact avec la vie. Par la respiration consciente, nous pouvons toujours revenir à l'Ici et Maintenant mais, si nous l'oublions, nous perdons aussi le moment présent. La véritable pratique consiste donc à apprendre à vivre pleinement chaque moment de notre quotidien.

Il existe de nombreuses manières de revenir à l'Ici et Maintenant et de toucher la vie en profondeur, et toutes reposent sur la respiration en pleine conscience. Parfaitement ancrés dans notre respiration consciente, nous pouvons pratiquer à tout moment. Nous pouvons être en pleine conscience lorsque nous marchons, faisons la vaisselle, mangeons, etc. À défaut, nous risquons de passer à côté de notre vie, cette vie qui ne peut être vécue que dans l'Ici et Maintenant.

La respiration consciente est la base même de la pratique de la pleine conscience. En respirant consciemment, je ramène mon esprit à mon corps et, ainsi, je suis vraiment présent. L'énergie de pleine conscience possède en elle l'amitié et la bonté aimante. Mais comment être un véritable ami avec nous-mêmes ou avec quelqu'un d'autre si nous ne sommes pas pleinement présents ? En fait, ce lien d'amitié n'est possible que si nous développons la compassion.

Et c'est précisément en pratiquant la respiration en pleine conscience que nous pourrons développer ce lien d'amitié avec notre corps, nos émotions, notre mental et nos perceptions. Ce n'est qu'après avoir développé cette véritable amitié avec nous-mêmes que nous pourrons procéder aux transformations sur ces différents plans (agrégats). Si nous avons la profonde intention de nous réconcilier avec notre famille et avec des amis qui nous ont blessés, nous devons avant tout prendre soin de nous-mêmes. En effet, comment pourrions-nous être véritablement à l'écoute d'une autre personne si nous ne sommes pas capables de nous écouter nous-mêmes ? Si nous ne savons pas comment identifier notre propre souffrance, il sera impossible d'apporter paix et harmonie dans nos relations.

Identifier et apaiser les sensations douloureuses

Nous avons tous une certaine part de maladie en nous, physiologique et/ou psychique. Le meilleur moyen de nous guérir est de commencer par tout arrêter et être entièrement dans le moment présent. Cela permet à notre corps et à notre esprit de se soigner par eux-mêmes. Quand nous prêtons pleinement attention à notre respiration, nous permettons à notre inspiration et à notre expiration de s'apaiser et de se détendre. De même, si nous marchons avec attention, à cent pour cent dans la marche, en toute simplicité, sans penser ni nous laisser emporter par quoi que ce soit d'autre, nous commençons déjà à guérir.

Ainsi, dès que nous percevons que notre esprit est emporté par une douleur vive, il est essentiel que nous revenions à notre inspiration et à notre expiration, détendues et paisibles. Nous acceptons cette sensation douloureuse telle qu'elle est, sans plus nous laisser emporter par elle ni laisser croître notre agitation. Veillons à ne jamais combattre la douleur car ce serait lutter contre nous-mêmes ; elle fait véritablement partie de nous, au même titre que l'irritation et la jalousie. Alors, quand émergent les sensations douloureuses, nous pouvons les apaiser en revenant à notre inspiration et à notre expiration. Notre respiration paisible calmera ces fortes émotions qui nous habitent.

Dès qu'une émotion s'apaise, examinons la situation en profondeur afin d'en percevoir les racines. Ainsi, nous comprendrons que ceux qui sont à l'origine de notre souffrance sont eux aussi en difficulté. Bien souvent, quand nous souffrons, nous pensons être la seule personne à être aussi mal, et que tous les autres sont heureux. Mais, en réalité, il est fort probable que la personne qui nous a fait du tort souffre également beaucoup et ne sache simplement pas comment gérer ses émotions fortes. Par la respiration consciente, nous pouvons générer l'énergie de pleine conscience et parvenir alors à une vision plus claire, qui nous permettra de prendre soin de notre souffrance avec compassion, en veillant aussi à celle de l'autre personne.

Quand quelqu'un nous a fait du tort, nous avons deux « options ». Nous pouvons penser d'une manière qui va accroître notre colère et susciter notre volonté de vengeance ; ou, à l'inverse, nous pouvons plutôt chercher à apaiser cette souffrance en entrant en contact avec notre compassion et notre compréhension, tranquillisant ainsi notre esprit. Cette seconde manière de penser nous permettra de comprendre que l'autre personne souffre elle aussi, et c'est ainsi que notre colère pourra se dissiper, tout naturellement.

Relaxation profonde

Si notre corps n'est pas serein, si nous avons trop d'émotions fortes, alors notre respiration ne peut pas non plus être paisible. Mais si nous nous exerçons à respirer en pleine conscience, nous remarquerons que notre respiration s'apaisera, devenant ainsi plus profonde, plus harmonieuse, libérée de toute tension. La respiration en pleine conscience ramène notre esprit à notre corps. Revenant à notre corps, nous pouvons alors nous réconcilier avec lui. Avec la pratique, nous prenons conscience de ce qui se passe dans notre corps, des erreurs que nous avons commises, des conflits que nous vivons. Peu à peu, nous percevons plus finement ce qu'il y a lieu de faire – ou de ne pas faire – pour être en bons termes avec lui. La respiration en pleine conscience nous permet de reconnaître notre corps comme notre véritable demeure. Nous pouvons pratiquer ainsi :

J'inspire, je suis conscient(e) de mon corps ;
J'expire, je souris à mon corps.

Il est toujours très bénéfique de « re-connaître » notre propre corps et de lui sourire. Si nous disposons de dix ou quinze minutes, nous pouvons essayer la pratique de la relaxation profonde, qui nous aide vraiment à guérir. Pour ce faire, nous cherchons à être dans une position confortable, idéalement, allongée, et nous revenons à notre souffle :

J'inspire, je suis conscient(e) de mon inspiration ;
J'expire, je suis conscient(e) de mon expiration.

La relaxation totale est une pratique d'amour emplie d'attention pour notre corps. Nous devons simplement nous allonger, respirer et apprécier la présence de notre corps, lui offrant ainsi l'occasion d'être là, simplement, sans rien devoir faire.

Nous commençons par prêter attention au corps entier, puis à ses tensions pour les détendre complètement :

J'inspire, je suis conscient(e) de tout mon corps ;
J'expire, je relâche toutes les tensions de mon corps.

Nous pouvons placer notre pleine conscience au niveau de la tête puis descendre jusqu'aux orteils, ou bien, inversement, remonter des pieds à la tête. Attentifs, nous reconnaissons la présence d'une certaine partie du corps et l'enveloppons tendrement de notre pleine conscience, pour lui permettre de se détendre et de relâcher toute tension.

Ensuite, nous commençons à pratiquer la pleine conscience de chaque partie de notre corps :

J'inspire, je suis conscient(e) de mon cerveau ;
J'expire, je souris à mon cerveau.

Nous pouvons prendre une inspiration et une expiration pour chaque partie du corps ou dix inspirations et expirations pour chacune d'elles. L'essentiel étant de parcourir toutes les parties de notre corps, en le balayant d'un « scan », tel un rayon de pleine conscience.

J'inspire, je suis conscient(e) de mes yeux ;
J'expire, je souris à mes yeux.

Je permets à mes yeux de se détendre parce qu'ils sont souvent porteurs de nombreuses tensions. C'est pour cela que le sourire est excellent ; il détend notre visage, et nous pouvons l'envoyer ensuite à chacune des autres parties de notre corps.

Un seul sourire peut déjà produire des miracles. En effet, notre visage compte des centaines de muscles qui, sous l'effet de la colère ou de la peur, se contractent, accumulent et gardent de nombreuses tensions. Au contraire, si nous savons comment respirer en étant pleinement conscients de ces muscles tendus, puis expirer en leur souriant, nous les aiderons à se détendre complètement. Un simple cycle d'inspiration/expiration peut transformer notre visage. J'autorise mes yeux à relâcher la tension et je leur envoie mon sourire. En parfaite conscience de mes yeux, je leur souris avec amour. Mes yeux sont merveilleux.

Nous plaçons ensuite notre pleine conscience au niveau des oreilles :

J'inspire, je suis conscient(e) de mes oreilles ;
J'expire, je souris à mes oreilles.

Et nous poursuivons avec les épaules :

J'inspire, je suis conscient(e) de mes épaules ;
J'expire, je souris à mes épaules.

Nous aidons nos épaules à se relâcher et à éviter les raideurs.

Quand nous arrivons à nos poumons, nous pouvons les baigner d'amour :

J'inspire, je suis conscient(e) de mes poumons ;
J'expire, je souris à mes poumons.

Ils travaillent si dur, et je ne leur offre pas assez d'air pur.
Sans oublier notre cœur qui bat nuit et jour pour nous :

J'inspire, je suis conscient(e) de mon cœur ;
J'expire, je souris à mon cœur.

Je suis décidé à prendre soin de lui, et m'abstiendrai de fumer ou de boire. Je tiens vraiment à mon cœur.
Nous parcourons ainsi tout notre corps, le balayant de notre rayon de pleine conscience, le reconnaissant, l'étreignant, lui souriant. Nous prenons tout le temps qui nous semble nécessaire, que ce soient dix, quinze ou vingt minutes, pour scanner lentement notre corps avec l'énergie de pleine conscience. Souriant à chaque organe, nous aidons ainsi notre corps à apaiser ses tensions.

Si une partie de notre corps est douloureuse ou malade, consacrons-lui plus de temps pour la reconnaître et l'envelopper tendrement dans les bras de notre pleine conscience. Si nous lui sourions et l'étreignons avec cette énergie, nous l'aiderons à s'apaiser et se guérir. Quand nous souffrons physiquement, la pleine conscience nous aidera à percevoir qu'il ne s'agit que d'une douleur physique ; et c'est précisément grâce à cette conscience que nous pourrons nous détendre et guérir plus rapidement.

Aucune distinction entre la fin et les moyens

Avec la marche en pleine conscience, nos pas ne se limitent plus à un simple moyen d'arriver à un endroit précis. Marchant en pleine conscience vers la cuisine pour nous servir un repas, nos habituelles pensées – *« Je dois aller à la cuisine pour prendre de la nourriture »* – peuvent alors faire place à une tout autre phrase – *« Je savoure ma marche vers la cuisine »*. Chacun de nos pas devient alors le but en soi. Il n'existe plus de distinction entre la fin et les moyens. Il n'y a pas de chemin vers le bonheur, le bonheur est le chemin. Il n'existe pas de chemin vers l'éveil, l'éveil est le chemin.

Ainsi, chaque fois que nous faisons un pas en pleine conscience, nous sommes engagés dans un acte d'éveil. Nous nous éveillons au fait que nous sommes en train de faire un pas. Chacun de nos pas peut être empli de beauté. Laver un plat peut alors devenir un véritable acte d'éveil. Faire la vaisselle peut se transformer en un moment délicieux.

Prendre soin des sensations douloureuses

Dès que nous savons comment prendre bien soin de notre corps par l'approche de la pleine conscience, nous pouvons accéder au domaine des sensations. Méditer sur les sensations implique d'être conscient de chaque ressenti qui émerge, qu'il soit agréable, désagréable, neutre ou mixte. Mais avant de prendre soin des sensations désagréables, il est préférable d'apprendre à nous concentrer en priorité sur des sensations qui ne le sont pas.

Le Bouddha nous conseille de générer les sensations de joie et de bonheur, dans le but de nous nourrir, avant de prendre soin de nos sensations douloureuses. À l'instar du chirurgien qui, estimant que son patient est trop faible pour subir une opération, lui recommanderait de prendre d'abord un peu de repos et de bien se nourrir afin de supporter l'intervention, nous avons besoin de renforcer nos fondations de joie et de bonheur avant de nous consacrer à notre souffrance. Nous pouvons commencer avec la joie, car Joie et Bonheur sont toujours disponibles dans notre conscience, sous la forme de graines.

J'inspire, je suis conscient(e) de la sensation de joie en moi ;
J'expire, je souris à la sensation de joie en moi.
J'inspire, je suis conscient(e) de la sensation de bonheur en moi ;
J'expire, je souris à la sensation de bonheur en moi.

Laisser faire

Comment pouvons-nous générer les sentiments de joie et de bonheur dont nous avons besoin afin d'être assez fort pour nous occuper de notre souffrance ? La première chose à faire est de relâcher, de laisser faire, car la joie prend racine dans le lâcher-prise.

Supposons maintenant que nous vivions dans une grande ville, à New York ou à Paris. Nous souffrons du bruit, de la pollution et de la poussière qui partout y règnent en maîtres. Nous rêvons de fuir à la campagne, le temps d'un week-end ou davantage, mais nous savons qu'il nous faudra peut-être une heure pour quitter la ville. Et pourtant nous y allons, car nous savons que cela en vaudra vraiment la peine. Une fois à la campagne, nous savourons l'air frais : nous contemplons les collines, les arbres, les nuages, le ciel bleu. Nous sommes envahis d'un tel bonheur que nous oublions bien vite la ville que nous avons délaissée, au profit de l'expérience d'une telle beauté.

Mais nous constaterons bien vite que nous ne parvenons pas à retenir cette joie et ce bonheur éternellement. Comme nous avons certainement déjà tous pu en faire l'expérience, il est probable qu'après quelques semaines nous aurons terriblement envie de regagner notre ville, Paris ou New York. Nous sommes très heureux les premiers jours à la campagne, mais nous n'avons pas la capacité de nourrir et d'entretenir cette joie et ce bonheur pendant très longtemps. Nous souffrons, nous ressentons une grande impatience à rentrer. Nous croyons que notre « chez-moi » est là-bas, *home sweet home*. Ainsi, quand nous rentrons dans notre ville, nous touchons à nouveau à la joie et au bonheur, car nous sommes de retour « chez nous »... mais cela ne va pas durer car le mal-être reviendra bien vite. C'est ainsi que nous faisons des allers et retours incessants. Et le phénomène est tel dans notre société moderne que, aujourd'hui, nombreuses sont les personnes qui possèdent une résidence secondaire, de façon à pouvoir fuir régulièrement leur situation, et à y retourner ensuite...

La joie et le bonheur sont de nature impermanente. Ils ont besoin d'être nourris pour durer plus longtemps. Mais si nous ne connaissons pas la manière de les alimenter, ils risquent de disparaître. Au bout de quelque temps, nous perdrons notre capacité à savourer la joie et le bonheur, alors qu'ils sont toujours là, disponibles pour nous. Cette joie et ce bonheur ont la capacité de nous nourrir, voire de nous guérir, mais à eux seuls ils ne sont pas assez forts pour transformer la profonde souffrance enfouie au fond de notre conscience.

Sous la surface

En surface, l'océan est généralement calme, mais il masque de nombreux courants dans ses profondeurs. Si notre pratique ne nous a pas encore permis d'atteindre le bloc de souffrance transmis par nos ancêtres et par nos parents, et que nous n'avons donc pas encore pu le transformer, cette fine couche de tranquillité ne nous sera accessible que durant une période de temps limitée. De temps en temps, en effet, le bloc de souffrance enfoui émergera. Il n'est donc pas suffisant de nous accrocher à ce type de joie et de bonheur car, au bout d'un moment, nous commencerons à éprouver des difficultés, sans savoir quel est notre véritable problème, notre blessure réelle. Notre souffrance est peut-être celle de notre père, qu'il nous a léguée en héritage ; ou bien celle héritée de notre mère, si elle n'a pas pu la transformer. Si notre pratique reste superficielle, la tranquillité, la joie et le bonheur auxquels nous accéderons resteront superficiels eux aussi. Une telle pratique n'est donc ni assez forte ni assez efficace pour transformer la grande souffrance enfouie à la base de notre conscience.

Comme nous ne connaissons pas la nature de notre blessure, notre conscience n'est pas en mesure d'éclairer ni d'identifier sa présence cachée dans les profondeurs de notre inconscient. Et c'est ainsi que nous n'avons de cesse d'incriminer ceci ou cela comme éléments responsables de notre souffrance. Nous accusons certaines personnes ou situations d'être à la source de notre malheur et, si nous vivons en famille ou en communauté, nous nous surprenons sans doute à penser : *« Ma famille ne se montre pas assez respectueuse de l'environnement »*, ou : *« Cette communauté fait encore preuve de discrimination envers les homosexuels et les lesbiennes »*, et ainsi de suite. La vie regorge d'exemples comme ceux-là, de difficultés sociales. C'est pour éviter ce type d'écueils, où nous accusons trop facilement les situations extérieures à nous d'être responsables de notre souffrance, qu'il est essentiel que chacun, chacune, nous revenions à nous-mêmes, afin de reconnaître notre propre souffrance et de l'entourer de toute notre tendresse. Mais nous devrons vraisemblablement aussi accepter que cette pratique nous apporte parfois son lot d'inconfort.

Nous pouvons comparer cela au melon amer, un légume typique d'Asie. En vietnamien, « amer » se dit *khô*. Or, *khô* signifie aussi « souffrance ». Ce qui est amer est donc associé à la souffrance ; ce melon tire ainsi son nom de sa saveur. Si nous n'avons pas l'habitude de manger du melon amer, nous risquons de souffrir lorsque nous le goûterons. La médecine chinoise considère pourtant que l'amertume est bonne pour notre santé. La saveur de ce melon est certes amère, mais sa dégustation attentive pourra aussi nous en révéler toute la fraîcheur, ce qui incite d'ailleurs certaines personnes à le renommer et l'appeler « melon rafraîchissant ». Ce légume est donc à la fois frais et amer, mais il est largement apprécié par ceux qui le consomment régulièrement. Nous aimons son amertume ; c'est amer mais c'est délicieux et cela nous fait du bien.

Lâcher prise

Un jour où le Bouddha était assis dans la forêt, entouré de plusieurs moines, un paysan s'approcha. Ses vaches s'étaient enfuies et il demanda aux moines s'ils les avaient vues passer. Le Bouddha répondit : « Non, nous n'avons pas vu passer vos vaches par ici, vous devriez peut-être les chercher dans une autre direction. » Puis, quand le fermier fut parti, le Bouddha se tourna vers ses moines, sourit, et dit : « Chers amis, vous devriez être très heureux. Vous n'avez aucune vache à perdre. »

Une pratique que chacun de nous peut faire consiste à prendre une feuille de papier et à y inscrire les noms de nos vaches. Ensuite, nous pourrons examiner notre situation en profondeur afin de sentir si nous nous sentons capables d'en relâcher quelques-unes. Peut-être nous sommes-nous persuadés que ces choses étaient cruciales pour notre bien-être, mais, si nous prenons la peine de regarder en profondeur, nous constaterons que certaines d'entre elles sont un obstacle à notre joie et à notre bonheur véritables.

À ce propos, je me souviens d'un homme d'affaires qui était venu à une retraite en Allemagne et qui, entendant l'histoire des vaches échappées, avait éclaté de rire. Je l'invitai alors à poursuivre la retraite, mais il m'expliqua qu'il avait trop à faire. C'était un businessman, il devait aller en Italie pour ses affaires, et il avait beaucoup de choses à régler, alors il nous dit au revoir. Mais, le jour suivant, quelle ne fut pas ma surprise de le revoir assis parmi les autres retraitants. Il m'expliqua alors qu'il était à mi-chemin vers l'Italie quand il avait fait demi-tour. Il avait été capable de relâcher une vache à laquelle il pensait devoir s'agripper et il en était particulièrement heureux.

Pleine conscience

La première source de joie et de bonheur est le lâcher-prise. Cependant, si nous nous limitions à cela, notre joie resterait superficielle et de courte durée. C'est ainsi que, grâce à la pleine conscience, nous disposons d'une deuxième source de bonheur. Supposons que nous soyons avec un groupe de personnes, à contempler un lever de soleil. Si notre esprit est préoccupé par nos projets ou nos soucis, pensant au futur ou au passé, il nous est impossible d'être vraiment là pour contempler et savourer ce splendide lever de soleil car nous manquons de pleine conscience. À l'inverse, si nous veillons à revenir en nous par la respiration consciente, pleinement présents à notre inspiration et à notre expiration, nous pouvons ramener notre esprit totalement au moment présent, nous libérant ainsi du passé, du futur et de tout projet, corps et esprit parfaitement unifiés. La pleine conscience nous permet d'être totalement présents afin d'observer, de contempler et de savourer profondément le lever de soleil qui s'offre à nous.

Nous pourrions illustrer cela à l'aide d'un autre exemple. Supposons que nous recevions la visite d'un ami ou d'une amie venu(e) de loin et que nous partagions un beau moment avec cette personne, autour d'une tasse de thé. Notre pleine conscience fera de ce temps partagé avec elle un moment inoubliable. Un temps où nous ne pensons à rien, où nous ne nous inquiétons ni de nos projets ni de nos affaires, uniquement concentrés sur ce moment partagé avec notre ami(e). Pleinement conscient de sa présence, nous nous réjouissons de ce moment et nous goûtons au bonheur de pouvoir nous asseoir, avec lui, avec elle, savourant le partage d'une tasse de thé.

Dans la tradition bouddhique, il existe une petite nuance entre la joie et le bonheur. Supposons que nous traversions seuls le désert et que nous nous retrouvions à court d'eau, particulièrement assoiffés. Tout à coup, nous apercevons une oasis devant nous. Nous savons qu'il y aura des arbres et un lac dont nous pourrons boire l'eau. Cette prise de conscience nous apporte beaucoup de joie. Nous savons que nous allons enfin pouvoir nous reposer et boire. Cette sensation se nomme *Joie*. Ensuite, lorsque nous parvenons enfin à l'oasis et que nous nous asseyons à l'ombre des arbres, que nous nous agenouillons et faisons une coupe de nos mains afin de boire l'eau tant attendue, ce à quoi nous goûtons à ce moment-là s'appelle *Bonheur*. La joie éprouvée à la vue de l'oasis comportait donc davantage une dimension d'excitation.

Joie et bonheur sont tous deux indispensables. Si nous ressentons de la souffrance pendant la méditation assise, la méditation marchée ou la relaxation totale, c'est que nous ne pratiquons peut-être pas correctement. Nous ne devrions pas souffrir à cause de la méditation ; ce n'est pas un travail pénible. Au contraire, la méditation devrait nous apporter de la joie et du bonheur comme nourriture. Avec cette joie et ce bonheur dans notre vie, nous serons alors suffisamment forts pour prendre soin des blocs de souffrance, de tristesse, voire de désespoir qui sont en nous.

Tous les gestes que nous faisons au quotidien devraient nous apporter joie et bonheur, qu'il s'agisse de nous brosser les dents, de préparer notre petit déjeuner ou de nous rendre à la salle de méditation. Chaque pas, chaque respiration devrait nous combler. La vie est déjà pleine de souffrances ; nul besoin d'en créer davantage…

Laisser respirer le Bouddha

Il y a une dizaine d'années, j'étais à Séoul, en Corée du Sud. La police avait fait en sorte que nous puissions avoir une marche méditative en ville et avait donc dégagé la voie. Mais quand la marche a démarré, j'ai trouvé cela très difficile de marcher car des centaines de photographes barraient la route. Il n'y avait pas du tout de passage pour marcher. J'ai dit au Bouddha : « Cher Bouddha, j'abandonne. Marche pour moi. » Le

Bouddha est arrivé immédiatement et il a marché. Le chemin s'est dégagé. À la suite de cette expérience, j'ai écrit une série de poèmes de pratique auxquels nous pouvons recourir en toutes circonstances, et tout particulièrement quand nous nous sentons en grande difficulté pour marcher ou respirer.

Je laisse respirer le Bouddha,
Je laisse marcher le Bouddha.
Je n'ai pas à respirer,
Je n'ai pas à marcher.

Le Bouddha respire,
Le Bouddha marche.
Je savoure la respiration,
Je savoure la marche.

Bouddha est la respiration,
Bouddha est la marche.
Je suis la respiration,
Je suis la marche.

Il n'y a que la respiration,
Il n'y a que la marche.
Il n'y a personne qui respire,
Il n'y a personne qui marche.

Paix en respirant,
Paix en marchant.
La paix est la respiration,
La paix est la marche.

De prime abord, nous avons sans doute la conviction qu'il doit y avoir quelqu'un pour que la respiration soit possible, qu'il doit y avoir quelqu'un pour que la marche ait lieu. En réalité, la marche et la respiration se suffisent à elles-mêmes. Nous n'avons pas besoin d'un marcheur, nous n'avons pas besoin de quelqu'un qui respire. Nous pouvons simplement prendre conscience que la marche est en cours ; observer que la respiration a lieu.

Prenons l'exemple de la pluie. Nous avons l'habitude de dire que la pluie tombe. Cette expression est plutôt amusante car, si la pluie ne tombe pas, ce n'est pas de la pluie. La pluie est donc la chute elle-même. Nul besoin d'un « pleuveur ». Seule la pluie suffit. Il en va de même pour le vent ; quand nous disons qu'il souffle, c'est tout aussi curieux car s'il ne soufflait pas, ce ne serait pas du vent. Nous n'avons pas besoin d'un « souffleur ». Pluie et Vent se suffisent donc à eux-mêmes, et c'est tout à fait pareil pour la marche. Quand je me réfère au Bouddha en train de marcher, c'est juste la marche, toute simple, mais elle est de très haute qualité, délicieuse, en pleine conscience. Elle nous apporte en effet beaucoup de paix et de joie. Le Bouddha est précisément cette respiration-là ; il est cette marche. C'est parce qu'elle présente beaucoup de paix et de joie que l'on peut dire que c'est une marche en pleine conscience.

5

Transformer la souffrance

Que pouvons-nous faire pour transformer les graines de souffrance parfois si profondément enracinées en nous ? La pratique nous offre trois façons de les traiter.

La première consiste à semer et arroser nos graines de bonheur. Dans ce cas, nous n'abordons pas directement les graines de souffrance, mais nous faisons en sorte qu'elles puissent être transformées par nos semences de bonheur. C'est une transformation indirecte.

La deuxième manière de gérer notre souffrance est de cultiver la pleine conscience en permanence. Ainsi, lorsque les graines émergeront, nous serons en mesure de les identifier. Nous les baignerons alors dans la lumière de notre pleine conscience. Nos graines sont un champ d'énergie, et la pleine conscience est une formidable énergie elle aussi. C'est ainsi que notre pleine conscience pourra transformer nos graines de souffrance, leur permettant de s'affaiblir au contact de son énergie.

La troisième solution qui s'offre à nous pour prendre soin des afflictions qui nous accompagnent depuis notre plus tendre enfance est de les inviter délibérément à monter dans notre conscience mentale. Nous pouvons inviter la tristesse, le désespoir, les regrets, les désirs qu'il nous était difficile de contacter dans le passé, et simplement nous asseoir pour bavarder avec eux, comme avec de vieux amis. Prenons toutefois la précaution d'allumer notre lampe de pleine conscience avant de les inviter à monter, et veillons à ce que sa lumière soit suffisamment stable et forte.

Reconnaître la souffrance

Supposons que nous pratiquions la méditation marchée pour entrer en contact avec les merveilles de la vie. Tout à coup, au cours de la marche, un souvenir de notre enfance remonte à notre esprit, et les sentiments de souffrance, de peur et de désespoir refont surface. De ce fait, bien que nous marchions, nous ne parvenons plus à savourer notre marche. Nous ne sommes plus au paradis ; nous sommes en enfer, aux prises avec notre souffrance. Dans une telle situation, la première démarche à faire est de reconnaître : *« La souffrance est en moi. »*

J'inspire, je sais que les sentiments de souffrance, de désespoir, de tristesse, de peur sont en moi ;
J'expire, j'ouvre les bras tendrement à cette sensation de souffrance.

Avec pleine conscience et concentration, nous pouvons revenir au souvenir et comprendre ce qui l'a fait remonter. *« Je ressens* ceci *parce que j'ai été en contact avec* cela. » Grâce à la pleine conscience et à la concentration, nous sommes capables de répondre à cette image, comprenant à présent que nous ne sommes plus un enfant démuni. Aujourd'hui, nous sommes adultes, solides, et capables de nous protéger nous-mêmes.

Certains d'entre nous sont arrivés en Occident comme immigrants. Nous sommes nombreux à avoir dû abandonner l'Asie du Sud-Est, traverser les océans comme boat people pour nous réfugier en Occident. Au cours de ces voyages, nous étions terrorisés. À tout moment, nous aurions pu nous noyer. Nous aurions pu être tués ou blessés par des requins ou des pirates. Ceux d'entre nous qui ont fait ce voyage ont encore présentes à l'esprit les images de tous ces dangers.

Désormais, nous avons atteint l'autre rive. Nous avons été acceptés comme réfugiés et nous sommes sur la terre ferme. Mais il nous arrive d'oublier que nous sommes maintenant en toute sécurité. Quand nous retouchons aux images de cette période, nous nous laissons malgré tout gagner par la souffrance qui les accompagne. Même si la souffrance appartient au passé lointain, elle a tendance à remonter chaque fois que nous sommes confrontés à ces souvenirs.

Beaucoup d'entre nous restent prisonniers du monde des images alors qu'en réalité ce ne sont que des images ; elles ne correspondent plus à la réalité d'aujourd'hui. Inspirant et expirant en pleine conscience, nous pouvons développer cette sagesse, cette vision profonde. Imaginons posséder encore une photographie de l'océan où nous avons craint de nous noyer. Quand nous regardons cette photo, nous ressentons la souffrance et la peur qui ont accompagné l'événement passé. Mais la pleine conscience et la concentration peuvent nous éclairer sur la réalité : ceci n'est qu'une image, ce n'est pas l'océan. Nous pouvons nous noyer dans l'océan, mais pas dans une image.

Nous constatons donc qu'en prenant soin de nos formations mentales de désespoir et de souffrance, en les observant plus finement, nous percevrons clairement que *ceci* est né de *cela*. La souffrance est apparue parce que nous avons été en contact avec une image du passé. Or, aujourd'hui, nous sommes en sécurité et nous avons la capacité de jouir des merveilles de la vie dans l'instant présent. Dès lors que nous réalisons que notre souffrance est fondée sur des images du passé et n'appartient pas à la réalité actuelle, le bonheur dans l'instant présent nous est directement accessible. Et c'est précisément là que réside le merveilleux pouvoir de la pleine conscience et de la concentration.

« Manas »

Une des raisons principales qui nous poussent à éviter le contact avec notre enfant intérieur est que nous craignons la souffrance. Cela s'explique par la présence de *Manas*, cette partie de notre conscience située entre la conscience du tréfonds et la conscience mentale dont la caractéristique est de nous pousser à rechercher constamment le plaisir, évitant à tout prix la souffrance. *Manas* nous fait croire que nous sommes dotés d'un soi séparé et c'est précisément avec cette illusion et la discrimination qui en découle que naît toute notre souffrance.

Quand un poisson voit un appât attirant, il a tendance à mordre dedans. Il ne sait pas qu'un hameçon s'y cache et qu'en mordant à l'appât il sera tiré hors de l'eau.

Notre pleine conscience peut nous éclairer quant aux dangers d'une recherche permanente du plaisir. Nous pourrons alors arroser les graines de sagesse dans notre conscience du tréfonds, de façon à faciliter la transformation de *Manas*. C'est la fonction que remplit notre conscience mentale.

Les six caractéristiques de « Manas »

Manas présente de nombreuses caractéristiques. Sa première tendance est de toujours s'intéresser à la recherche du plaisir, et sa deuxième est de tenter d'éviter la souffrance. Troisièmement, *Manas* a la fâcheuse habitude d'ignorer les dangers de cette recherche du plaisir. Or, il est vrai que si nous n'avons de cesse de poursuivre les plaisirs sensuels, nous risquons de détruire notre corps et notre esprit. À l'inverse, si nous prenons la peine d'examiner en détail l'objet de notre convoitise, nous pourrons en discerner les nombreux dangers.

La quatrième caractéristique de *Manas* est d'ignorer les bienfaits de la souffrance alors que cette dernière peut, elle aussi, présenter nombre d'effets bénéfiques. Nous avons tous besoin d'une certaine quantité de souffrance pour notre croissance, afin de comprendre et de cultiver notre compassion, notre joie et notre bonheur. Nous ne pouvons apprécier pleinement bonheur et joie que si, en comparaison, nous avons déjà été en contact avec la souffrance.

Si nous n'avions pas souffert de la guerre, nous ne serions pas en mesure d'apprécier la paix. Si nous n'avions pas souffert de la faim, nous ne pourrions pas apprécier pleinement le pain que nous tenons en main. C'est merveilleux d'avoir quelque chose à manger ; nous ne pouvons véritablement goûter à ce bonheur que si nous savons ce qu'est la faim.

Nous traversons tous des moments particulièrement dangereux dans notre vie. Et si nous repensons à ces moments que nous avons connus, nous pouvons véritablement savourer la sécurité de l'instant que nous vivons maintenant. C'est grâce à notre souffrance, en la comprenant, en la touchant de tout près que nous avons la possibilité de développer et de laisser croître compréhension et compassion dans notre vie.

Je ne voudrais pas envoyer mes amis ni mes enfants dans un endroit préservé de toute souffrance car, dans un tel lieu, ils n'auraient pas l'opportunité d'apprendre à cultiver la compréhension et la compassion. Le Bouddha nous a d'ailleurs enseigné qu'en l'absence de souffrance nous n'aurions jamais la possibilité d'apprendre. Lui aussi a beaucoup souffert ; et c'est précisément grâce à sa souffrance qu'il a pu atteindre l'éveil. Nous devons aller vers le Bouddha avec toute notre souffrance. La souffrance est le chemin. C'est à travers elle que nous trouverons la voie de l'illumination, de la compassion et de l'amour. En examinant en détail la nature de notre tristesse, de notre peine, de notre souffrance, nous trouverons la sortie. À l'inverse, si nous ne savons pas ce qu'est la souffrance, aucun chemin ne nous mènera au Bouddha, à l'éveil, et nous ne connaîtrons jamais la possibilité d'entrer en contact avec la paix et l'amour. C'est précisément parce que nous avons souffert que nous avons maintenant une chance de trouver la voie menant à la libération, à l'amour et à la compréhension.

La tendance à fuir la souffrance est présente en

chacun de nous. Nous pensons qu'en recherchant les plaisirs nous éviterons de souffrir. Malheureusement, cela ne fonctionne pas ainsi ; au contraire, cela nous empêche de grandir et d'être heureux. Le bonheur est impossible en l'absence de compréhension, de compassion, et d'amour. Et, de son côté, l'amour ne nous sera accessible que si nous comprenons notre souffrance et celle de l'autre personne. C'est donc en acceptant de toucher notre souffrance que nous pourrons développer amour et compassion, tous deux indispensables au bonheur, le nôtre comme celui des personnes qui nous entourent. Nous portons tous en nous les graines de compassion, de pardon, de joie et de « non-peur ». Mais si nous essayons constamment d'éviter la souffrance, nous ne laisserons jamais à ces semences bénéfiques la possibilité de germer.

Au Village des Pruniers, dans le Hameau du Haut où je vis, nous avons un étang de lotus. Nous savons qu'un lotus ne peut pas pousser sans boue ; elle est indispensable à sa vie. Il serait impossible de faire pousser la fleur sur du marbre. C'est pareil pour nous tous ; la boue joue un rôle vital dans la croissance du lotus, tout comme la souffrance est vitale au développement de notre compréhension et de notre compassion.

Nous devons étreindre notre souffrance et l'examiner en profondeur car nous avons beaucoup à apprendre d'elle. Lorsque la graine de peur, logée au plus profond de notre tréfonds, émerge au niveau de notre conscience mentale, notre pratique consiste à inviter la graine de pleine conscience à se manifester à son tour. Car c'est grâce à elle que nous pouvons être totalement présents et ainsi reconnaître et accueillir tendrement notre souffrance, et non plus la fuir. Dans les premiers temps, notre pleine conscience ne sera sans doute pas assez solide pour contenir notre douleur et notre tristesse. Par la suite, en pratiquant, surtout si nous avons la chance d'avoir le soutien d'un groupe ou d'une communauté, notre pleine conscience va se renforcer suffisamment pour nous permettre de soutenir douleur, tristesse et peur.

Nous savons donc maintenant que nous avons tous besoin d'une certaine dose de souffrance pour développer notre compréhension et notre compassion. Mais il est inutile d'en créer davantage ; la souffrance en nous et autour de nous est déjà largement suffisante ! Faisons confiance à notre conscience mentale ; elle a la capacité d'apprendre en observant la souffrance, et elle peut à son tour communiquer ce savoir à notre conscience du tréfonds.

La cinquième caractéristique de *Manas* est de tout ignorer de la loi de modération. Et, là encore, notre conscience mentale entre en jeu afin de lui rappeler cette sagesse. Si nous pratiquons la respiration consciente, nous pourrons aider notre conscience mentale à utiliser la vision profonde, afin d'identifier *Manas* et toutes ses illusions, reconnaissant ainsi la présence des nombreuses graines de sagesse disponibles au sein même de notre tréfonds. Quand la conscience mentale œuvre ainsi, sa concentration porte alors sur l'*inter-être*, l'interconnexion et sur la *non-discrimination*. Et c'est de cette concentration que pourra se manifester la vision profonde, et parfois étonnamment vite d'ailleurs !

Enfin, la sixième caractéristique de *Manas* est qu'il cherche constamment à obtenir, s'approprier et posséder tout ce dont il a envie. L'avidité est l'une de nos pulsions les plus fortes. C'est d'ailleurs elle qui engendre la jalousie et qui nous pousse à vouloir posséder personnes et objets. Mais si nous considérons la vie sous l'angle de l'inter-être, nous comprendrons qu'il n'y a rien à posséder.

Transformer « Manas »

La pleine conscience va nous aider à transformer *Manas*. En respirant consciemment, nous aiderons notre mental à regarder la situation en profondeur afin d'identifier *Manas* et tout son cortège d'illusions, réalisant ainsi que la graine de sagesse est disponible au cœur même de notre conscience du tréfonds. Dès qu'il est transformé, *Manas* incarne alors la sagesse de la non-discrimination (*nirvikalpajñana*, en sanskrit).

Il existe un conte qui décrit très bien la non-discrimination. C'est l'histoire du petit grain de sel qui voulait savoir à quel point l'eau de mer était salée. « Je suis un grain de sel. Je suis très salé et je voudrais savoir si l'eau de mer est aussi salée que moi. » C'est alors qu'arriva un enseignant qui lui répondit : « Mon cher petit grain de sel, la seule manière pour toi de vraiment savoir quelle est la salinité de l'océan, c'est de sauter dedans. » C'est ainsi que le grain de sel sauta dans la mer et ne fit plus qu'un avec l'eau, et sa compréhension fut parfaite.

Nous ne pouvons véritablement comprendre quelqu'un ou quelque chose que si nous faisons un avec cette personne ou cette chose. En effet, si l'on considère le terme « comprendre », son origine latine nous rappelle qu'il signifie littéralement « prendre quelque chose et fusionner avec ». Comment pourrions-nous comprendre quelqu'un ou quelque chose si nous nous en sentons séparés ?

La pratique de la méditation consiste précisément à porter sur la réalité un regard tel qu'il n'existe plus de frontière entre sujet et objet. Nous devons supprimer cette barrière qui sépare celui qui observe et l'objet de son observation. Si nous voulons comprendre quelqu'un, nous devons nous mettre dans sa peau. Pour que des amis ou des proches puissent parvenir à une compréhension mutuelle authentique, ils doivent pouvoir endosser le personnage l'un de l'autre. La seule manière de comprendre complètement est de devenir l'objet de notre compréhension. Elle sera réelle et profonde lorsque nous aurons pu abolir la frontière entre nous-mêmes et l'objet de notre compréhension.

Prenons l'exemple des cadeaux et supposons que nous en offrions un à quelqu'un. Avec la sagesse de la non-discrimination, nous percevrons qu'il n'y a ni donneur, ni receveur. Au contraire, si nous restons prisonniers de l'idée que nous sommes la personne qui offre et que l'autre est celle qui reçoit, notre don ne sera pas parfait. Si nous choisissons d'offrir quelque chose à une personne, c'est parce qu'elle a besoin ou envie de ce que nous avons ; notre geste est tout naturel. Quand nous pratiquons vraiment la générosité, il ne nous viendra pas à l'esprit de nous dire : « C'est un ingrat. »

En pratiquant la pleine conscience, nous pourrons alors commencer à repérer la présence de *Manas* en nous. Si nous sommes vigilants aux six tendances de *Manas*, nous serons en mesure d'utiliser la pleine conscience, la concentration et la vision profonde afin de transformer ces habitudes négatives et de faire éclore la sagesse de la non-discrimination. Si, au lieu de fuir notre souffrance, nous acceptons de la reconnaître, de l'étreindre avec grande douceur et de l'examiner attentivement, elle pourra se transformer peu à peu, ouvrant alors la voie à la libération et à l'éveil.

Il est essentiel pour chacun de nous de prendre le temps de définir ce qui est nécessaire à notre bonheur. Il est tout aussi important de pouvoir évaluer les besoins des membres de notre famille, de notre communauté et de notre société. En effet, dès que nous aurons pu en identifier les objectifs, nous pourrons déployer les moyens nécessaires et agir concrètement afin de procurer la nourriture, la démocratie et la liberté dont tous ont tant besoin. Nos actions prennent racine dans nos objectifs ; ils définissent le travail que nous avons à accomplir pour contribuer à orienter la société dans une direction positive. Pour déterminer si nos actions sont bonnes ou mauvaises, nous veillerons à ce qu'elles mènent à notre vision ultime.

La sagesse de la non-discrimination

La discrimination entre ceci et cela, de ceci contre cela, engendre toujours beaucoup de souffrance. Or, dans notre conscience du tréfonds, nous disposons d'une graine qui permet de transformer *Manas* : la *sagesse de la non-discrimination.* Il est essentiel que notre conscience mentale puisse identifier cette graine de sagesse enfouie au sein même de notre tréfonds et qu'elle puisse ainsi l'aider à se manifester. Si nous pratiquons la respiration consciente et la vision profonde, nous pourrons à notre tour faciliter la manifestation de la sagesse de la non-discrimination.

Celle-ci est présente en chacun de nous. Prenons l'exemple de ma main droite ; elle invite la cloche et écrit des poèmes et fait plein d'autres choses. Ma main droite porte en elle la sagesse de la non-discrimination, car jamais elle ne dira à ma main gauche : « Main gauche, tu ne me sembles pas douée pour quoi que ce soit. C'est *moi* qui écris tous les poèmes. C'est *moi* qui fais de la calligraphie. » La communication et la collaboration entre les deux mains sont parfaites ; jamais la main droite ne se considère comme supérieure à la main gauche ! Elles ne connaissent ni le complexe de supériorité, ni celui d'infériorité, ni même celui de l'égalité. En effet, si nous entrons dans la comparaison, nous nous considérerons toujours soit comme supérieurs, soit comme inférieurs à l'autre, ou tenterons d'être son égal. Mais ce genre de comparaison engendre la discrimination, et c'est d'elle que naît ensuite la souffrance.

Les cellules de notre corps collaborent les unes avec les autres, sans discrimination. Un jour, ma main gauche tenait un clou et ma main droite un marteau. J'essayais d'installer un tableau et je n'étais pas très attentif. Et, au moment de frapper avec le marteau, j'ai confondu clou et main… Ma main droite a immédiatement posé le marteau et s'est occupée de ma main gauche, comme si elle prenait soin d'elle-même. Et comme ma main gauche possède la sagesse de la non-discrimination, elle ne s'est pas mise en colère contre la droite. À son tour, ma main droite n'a pas dit à la gauche : « Regarde comme je prends soin de toi. À l'avenir, tâche de t'en rappeler. » Ma main gauche n'a pas dit non plus : « C'est injuste ! Je demande réparation, donne-moi ce marteau. » Il n'y a ni « tu », ni

« je », ni discrimination. Les deux mains sont unies, comme la Trinité. Dieu le Père est dans Dieu le Fils ; le Saint-Esprit est autant dans le Fils que dans le Père. C'est l'inter-être. Dans l'un, je vois aussi l'autre. Bien sûr, ma main droite souffrait mais les deux se partageaient la douleur, sans discrimination, comme dans toute relation aimante. C'est ce que nous appelons l'*équanimité (upeksha)*. Bonheur et souffrance ne sont plus des considérations individuelles dès lors que la sagesse de la non-discrimination se manifeste.

Bonheur et souffrance

Grâce à la sagesse de la non-discrimination, nous pouvons percevoir que le mal-être et le bien-être existent l'un dans l'autre. Tous, nous avons cette tendance habituelle à considérer que, cette fois, c'en est assez, nous avons assez souffert dans notre vie, nous voulons enfin autre chose, nous voulons être bien. Nous cherchons à fuir le mal-être et à aller dans la direction du bien-être ; or, c'est précisément là où se trouve le mal-être que nous pourrons entrer en contact avec le bien-être. En effet, si nous fuyons le mal-être, nous nous donnerons peu de chances de trouver le bien-être.

Tout bonheur porte aussi en lui un goût de souffrance. C'est comme les fleurs. Quand vous regardez une fleur en profondeur, vous pouvez y voir les déchets et le sol ; nous voyons le compost car nous savons en effet que la fleur ne peut exister sans lui. Ainsi, entrant en contact profond avec la fleur, je peux aussi entrer en contact avec le compost qu'elle contient.

Nourriture

La nourriture et les divertissements sont pour beaucoup d'entre nous un moyen de fuir la souffrance. Nous nous sentons si seuls, si tristes, tellement vides et frustrés ; nous vivons dans une telle peur que nous essayons de combler ces états d'âme avec un film ou un sandwich. C'est notre façon de gérer le malaise, si profond en nous. Nous faisons tout ce que nous pouvons pour refouler notre douleur, notre désespoir, la colère, la dépression. Alors, nous écoutons de la musique, nous ouvrons le réfrigérateur pour manger quelque chose, nous prenons un magazine ; bref, nous consommons. Et même si une émission de télévision n'est pas intéressante, nous continuons à la regarder parce que c'est toujours mieux que de devoir affronter notre malaise, ce mal-être si fortement présent en nous.

Mais en réalité, plus nous consommons, plus nous incorporons des toxines de violence, d'envie, de désespoir et de discrimination ; et plus la situation empirera. En revanche, si nous acceptons ce mal-être, notre énergie de pleine conscience et de concentration nous aidera à regarder en profondeur dans la nature de ce malaise et à identifier la source de nourriture qui l'a généré.

Rien ne peut survivre sans nourriture, pas même la souffrance. Aucun animal, aucune plante, rien ne survivra sans alimentation. Il en va de même pour notre amour ; si nous voulons qu'il survive, nous devons le nourrir. À défaut, si nous ne l'alimentons pas ou si nous ne lui donnons pas les aliments appropriés, notre amour va mourir. Il peut très vite se transformer en haine. C'est pareil pour notre souffrance et notre dépression qui, elles aussi, ont besoin d'être alimentées pour continuer à exister. Ainsi, si notre dépression ne veut pas partir, c'est que nous continuons à l'alimenter au quotidien. Il nous appartient alors de prendre le temps de regarder en profondeur la nourriture qui en est à l'origine.

Même si notre souffrance s'exprime parfois sous la forme d'une émotion puissante, l'identification de ce qui nourrit ce mal-être nous permettra peu à peu d'en couper la source ; et la souffrance finira par dépérir. À l'inverse, en consommant violence et souffrance, nous augmenterons ce mal-être – non seulement le nôtre, mais aussi celui des personnes que nous côtoyons. En mettant fin à la consommation d'images violentes et de conversations toxiques, notre pratique nous offre alors une magnifique opportunité de transformer la violence et la souffrance qui sont en nous. C'est de ce bon terreau que pourront alors naître compréhension et compassion pour nous guérir et aider ensuite les personnes autour de nous à guérir, à leur tour.

Accepter la vie telle qu'elle est

Nous savons que naissance et mort, maladie et vieillesse font partie de la vie. Nous ne voulons pas vieillir, ni tomber malade, ni mourir, mais ainsi est la vie… Si nous nous révoltons, si nous protestons, nous souffrirons encore plus. Inversement, si nous acceptons la vie et tout ce qu'elle implique – les moments de bonheur, de joie, de paix, mais aussi la maladie, la vieillesse et la mort –, alors nous ne souffrirons plus. Ainsi, la souffrance est acceptable. Et non seulement elle est acceptable mais, grâce à elle, nous avons une opportunité d'expérimenter le bien-être.

Si nous voulons surmonter la peur, nous pouvons commencer par simplement prendre conscience de sa présence en nous. Puis, dans un second temps, nous pouvons faire naître en nous l'intention de ne pas la fuir. La fuite est en effet une réaction très courante chez nous, car ce n'est pas agréable d'avoir peur. Nous ne voulons pas vivre avec elle mais elle revient, sans cesse ; nous craignons toujours qu'il arrive quelque chose, cet après-midi ou demain. Nous vivons avec cette peur de l'impermanence. Cette deuxième étape de la transformation consiste donc à être déterminé à ne pas fuir, pour examiner en profondeur notre angoisse et l'accepter pleinement.

Le processus de transformation repose sur une troisième étape, qui consiste à agir de façon appropriée face à la peur. En effet, si nous acceptons de lui faire face et d'en faire profondément l'expérience, nous pourrons observer quelle est notre réaction face à elle. Nous verrons si nous réagissons avec confusion ou déni ; ou, à l'inverse, si nous y répondons avec gentillesse, acceptation et compassion. C'est précisément cette réponse clairvoyante qui apportera la guérison.

Désormais, puisque nous savons comment susciter la guérison, nous pouvons éviter que la souffrance ne nous surprenne. Avec l'entraînement, notre pleine conscience gagnant en force et en stabilité, nous n'avons plus à attendre que les graines de souffrance surgissent à l'improviste pour en prendre soin. Nous savons qu'elles résident au cœur de notre conscience du tréfonds. Nous pouvons donc les inviter à venir dans le champ de notre conscience mentale et les éclairer à la lumière de notre pleine conscience.

Il est essentiel de se renforcer avant de traiter la souffrance. En effet, prendre soin du mal-être, c'est un peu comme essayer d'attraper un serpent venimeux. Nous devons d'abord apprendre à connaître le serpent et, en parallèle, nous devons développer notre habileté et notre stabilité afin de pouvoir l'attraper sans nous blesser. Une fois cette étape accomplie, nous serons prêts à faire face au serpent. Au contraire, si nous ne nous confrontons jamais à lui, viendra le jour où il nous prendra par surprise, et nous perdrons la vie à la suite de sa morsure. Il en va de même avec la douleur que nous gardons dans les profondeurs de notre conscience. Lorsqu'elle enfle et nous met au défi, il n'y a rien que nous ne puissions faire si nous ne nous sommes pas entraînés à renforcer et à stabiliser notre pleine conscience. Nous ne devrions donc pas inviter notre souffrance à remonter avant d'être réellement prêts à l'accueillir. Alors, quand elle arrivera, nous pourrons la gérer en toute sécurité. Transformer la souffrance ne veut pas dire la « combattre » ni « se débarrasser » d'elle. Il s'agit tout simplement de la baigner dans la lumière de notre pleine conscience.

6

Guérir l'enfant intérieur

Enfants, nous étions tous très vulnérables, si facilement heurtés, blessés. Un seul regard sévère de notre père suffisait parfois à nous plonger dans une profonde douleur. Un mot dur de notre mère pouvait creuser une profonde blessure dans notre cœur. Comme tous les jeunes enfants, nous ressentions beaucoup de sentiments, d'émotions, mais nous ne pouvions pas nous exprimer facilement. Nous essayions et essayions encore. Parfois, alors même que nous trouvions les mots, les adultes autour de nous ne pouvaient pas nous entendre ; ils ne nous écoutaient pas ou ne nous laissaient pas parler.

À présent, nous avons la possibilité de revenir à nous et de parler à notre petit enfant intérieur ; nous pouvons l'écouter et lui répondre directement. Personnellement, bien que j'aie reçu beaucoup d'amour et d'affection de mes parents, j'ai pratiqué ce retour à l'enfant intérieur et cela m'a considérablement aidé. Le petit que nous avons été est toujours là, en nous, il est peut-être profondément blessé. Nous l'avons négligé pendant si longtemps qu'il nous appartient aujourd'hui de revenir à lui, de le réconforter, l'aimer et lui donner toute notre attention.

Méditation sur l'enfant de cinq ans

Cette méditation peut être faite en position assise ou en marchant. L'essentiel étant de trouver un lieu calme, confortable, là où vous ne serez pas dérangé et pourrez vous relaxer pendant au moins cinq minutes. Sur chaque inspiration et expiration, je vous propose de prononcer ces phrases :

J'inspire, je me vois enfant, à l'âge de cinq ans ;
J'expire, je souris avec compassion à l'enfant de cinq ans en moi.

Au départ, vous pouvez prononcer la phrase complète pour, ensuite, dire simplement :

Moi à l'âge de cinq ans ;
Souris avec compassion.

L'enfant de cinq ans qui se trouve en chacun de nous a besoin de beaucoup de compassion et de toute notre attention. Si, chaque jour, nous trouvions quelques minutes pour nous asseoir avec lui, avec elle, et pratiquer cette méditation, nous pourrions lui apporter réconfort et guérison. Cet(te) enfant de cinq ans est toujours vivant(e) en nous et a besoin que nous prenions soin de lui, d'elle. Si nous reconnaissons sa présence et prenons le temps d'entrer en réelle communication, nous pourrons entendre ses réponses et, peu à peu, notre enfant se sentira nettement mieux. Nous bénéficierons tout naturellement nous aussi de son mieux-être ; nous nous sentirons de mieux en mieux, de plus en plus libérés.

L'enfant qui sommeille en chacun de nous est en fait bien plus que nous. Nos parents ont souffert eux aussi quand ils étaient enfants. Tous ont été de jeunes enfants de cinq ans, fragiles et vulnérables. Et, même adultes, ils se sont souvent sentis démunis face à leur souffrance, ne sachant pas comment la gérer et la reportant alors sur leurs enfants. Victimes de leur propre souffrance, leurs enfants en sont devenus victimes à leur tour. Si nous ne parvenons pas à transformer la souffrance en nous, nous la transmettrons inévitablement à nos enfants.

Mon père et moi sommes pareils, nous ne sommes pas deux entités séparées ; je suis sa continuation et il est donc en moi. Si je peux aider le petit garçon de cinq ans qui est mon père en moi, nous nous guérirons tous les deux en même temps. En prenant soin de la petite fille de cinq ans qui était ma mère et qui est toujours en moi, je l'aide à se transformer et à se libérer. Je suis son prolongement. Cette petite fille blessée qui a tant souffert est toujours vivante en moi. Ainsi, si je suis capable de transformer et de soigner ma mère et mon père en moi, je serai aussi capable de les aider à l'extérieur de moi. Cette méditation va engendrer de la compassion et de la compréhension pour nous-mêmes mais également envers nos parents, enfants de cinq ans.

Nous parlons souvent de compréhension, mais n'est-ce pas là une des plus grandes qui puissent se révéler à nous ? Quand nous sourions, nous savons que nous sommes en train de sourire pour notre père et notre mère, et que nous leur permettons ainsi de se libérer. Si nous pratiquons de cette manière, alors toutes ces questions existentielles qui nous font tant souffrir – *Qui suis-je ? Est-ce que ma mère me désirait vraiment ? Est-ce que mon père voulait vraiment de moi ? Quel est le sens de ma vie ?* – s'évanouiront d'elles-mêmes.

Nous n'avons pas besoin de retourner sur notre terre natale, en Irlande ou en Chine, pour trouver nos racines. Il nous suffit d'être en contact avec chaque cellule de notre corps. Notre père, notre mère et tous nos ancêtres sont présents de manière très concrète dans chacune des cellules de notre corps, y compris dans les bactéries. La compréhension éveillée nous a été transmise par toutes les générations, par tous les êtres vivants, ainsi que par tous les êtres que l'on dit « inanimés ». Nous sommes à la fois père et fils, mère et fille. Nous nous manifestons parfois comme père ou mère et parfois comme l'enfant. Nous pouvons comparer cela au fruit de la goyave ; dès qu'il apparaît, il porte des graines de goyave en lui et il est donc déjà un père ou une mère.

Si nous voulons aller plus loin dans cette belle compréhension, nous pouvons pratiquer ainsi :

J'inspire, je vois papa à l'âge de cinq ans ;
J'expire, je souris à papa, enfant de cinq ans.

Papa, à l'âge de cinq ans ;
Souris avec compassion.

Avant d'être un père, votre papa a lui aussi été un enfant de cinq ans, petit garçon très vulnérable. Sensible, il se sentait facilement blessé par votre grand-père ou votre grand-mère et par d'autres personnes. Si votre papa s'est parfois montré particulièrement sévère, violent ou exigeant, c'est probablement en raison de la manière dont il a été traité lui-même. Sans doute a-t-il été blessé quand il était encore un petit garçon.

Si vous comprenez cela, vous ne ressentirez peut-être plus le besoin de vous mettre en colère contre lui car vous pourrez éprouver de la compassion pour lui. Peut-être pouvez-vous prendre une photo de lui quand il avait cinq ans et le regarder pendant votre méditation. Regardez-le enfant et, en inspirant et expirant, vous pourrez percevoir le petit garçon de cinq ans qui est toujours vivant en lui, et en vous aussi.

Il en va de même pour votre maman. Elle aussi a été une petite fille de cinq ans vulnérable et fragile. Elle s'est parfois sentie facilement blessée, sans avoir la chance d'avoir un enseignant ou un ami pour l'aider à guérir. C'est ainsi que la blessure et la peine subsistent encore en elle, expliquant les moments où elle a sans doute manqué de gentillesse pour vous. Si vous pouvez voir votre maman comme cette petite fille de cinq ans, fragile, alors vous pourrez facilement lui pardonner avec compassion. La petite fille de cinq ans qui est devenue votre maman est toujours vivante en elle et en vous.

J'inspire, je vois maman comme une petite fille de cinq ans ;
J'expire, je souris à la petite fille de cinq ans qui est devenue ma maman.

Maman, petite fille de cinq ans ;
Souris à maman.

Si vous êtes encore jeune, il est essentiel que vous pratiquiez pour guérir l'enfant de cinq ans toujours présent en vous, sous peine de risquer de transmettre cet enfant blessé à vos propres enfants. Mais ne vous inquiétez pas si vous avez déjà transmis cette blessure à votre fille ou votre fils ; il n'est jamais trop tard. Il vous appartient maintenant de pratiquer afin de guérir l'enfant en vous ; c'est ainsi que vous pourrez aider ensuite vos enfants à soigner l'enfant blessé que vous leur avez transmis.

Nous avons tous, parents et enfants, la possibilité de pratiquer ensemble et de guérir l'enfant blessé qui vit encore en nous et en nos enfants. Il n'y a pas de temps à perdre, c'est une sorte d'urgence car, si nous parvenons à faire cette pratique, la communication avec nos familles sera rétablie et la compréhension mutuelle deviendra possible.

En réalité, nous sommes nos enfants. Nous leur avons légué notre être tout entier. Nos fils, nos filles sont notre continuation, ils *sont nous-mêmes* ; ils nous emporteront avec eux loin dans le futur. En prenant le temps d'aimer nos enfants avec compassion et compréhension, nous leur donnons tous les moyens d'en bénéficier pleinement pour que, à leur tour, ils puissent contribuer à un meilleur avenir pour eux-mêmes, leurs enfants et les générations futures.

Écouter l'enfant intérieur

Pour bien prendre soin de nous-mêmes, il est important que nous revenions à l'enfant blessé qui vit encore en nous, afin de veiller attentivement sur lui. Cette pratique du retour à l'enfant blessé doit être quotidienne. Nous revenons à lui et l'accueillons tendrement dans nos bras, comme un grand frère ou une grande sœur.

Nous devons l'écouter. Il est en nous, ici et maintenant, et nous pouvons le guérir dès à présent. *« Mon cher petit enfant blessé, je suis là pour toi, prêt(e) à t'écouter. Je t'en prie, fais-moi part de toute ta souffrance, de toute ta douleur, je suis là pour toi, je t'écoute vraiment.* » Nous devons étreindre cet enfant et, si nécessaire, nous pouvons pleurer avec lui, même durant notre méditation assise. Nous pouvons aussi aller en forêt pour pratiquer. Si nous savons comment revenir à l'enfant blessé, et l'écouter ainsi chaque jour, cinq à dix minutes, la guérison aura lieu.

Plusieurs parmi nous ont déjà pu appliquer cette pratique et, par leur régularité, ressentir un réel apaisement, jusqu'à obtenir une véritable transformation. Si nous maintenons bien cette pratique, notre relation aux autres sera meilleure et plus souple, nous ressentirons plus de paix et davantage d'amour en nous.

Parler à l'enfant intérieur

Nous ne sommes pas totalement différents de notre enfant intérieur, nous ne formons pas deux entités totalement distinctes, mais nous ne sommes pas véritablement *un* non plus. L'un influence l'autre. À présent, nous sommes adultes et nous pouvons pratiquer la pleine conscience, invitant le petit qui vit en nous à nous rejoindre dans la pratique. Cet enfant existe bel et bien, au même titre que l'adulte que nous sommes aujourd'hui. C'est comme le grain de maïs qui est encore présent dans le plant. Il est pleinement là, aujourd'hui, et ce n'est pas juste quelque chose qui appartient au passé. Ainsi, dès que le plant de maïs a conscience d'être uni au grain, leur conversation devient possible. En revanche, il est essentiel d'être conscient que, si nous avons tendance à revenir sans cesse au passé et à revivre nos souvenirs douloureux, nous replongeons dans le passé avec notre enfant intérieur, expérimentant à nouveau cette peur, cette envie. Cela est devenu une habitude qu'il est essentiel d'abandonner car elle ne nous aide pas.

Pour ce faire, nous pouvons dialoguer avec notre enfant intérieur et l'inviter à sortir, à venir faire connaissance avec la vie dans le moment présent. Rester totalement ancré dans le moment présent, ici et maintenant, est une réelle pratique, c'est un entraînement. Tant que je suis totalement établi dans l'instant présent, je ne souffre pas des traumatismes du passé, et je prends ainsi pleinement conscience de toutes les merveilles disponibles pour moi, de toutes les conditions favorables qui sont à ma disposition, ici et maintenant. La véritable pratique consiste dès lors à prendre la main de l'enfant et à jouer avec lui, pour rentrer plus profondément en relation avec toutes ces merveilles du présent. Bien sûr, comme notre tendance naturelle nous pousse tous à retourner vers le passé, il nous arrivera d'avoir besoin d'aide ; nous n'hésiterons pas alors à chercher le soutien d'une personne en qui nous avons confiance.

Tous nos désirs sont issus de notre besoin initial d'être en sécurité. Aujourd'hui encore, le petit enfant en nous reste inquiet, apeuré. Et pourtant, l'instant présent ne comporte aucun problème, aucune menace. Donc, si nous n'avons pas de problème dans le moment présent, cela veut dire qu'en réalité nous n'avons pas de problème du tout. Pourquoi donc continuer à cultiver nos peurs et inquiétudes ? Communiquons donc cette sagesse à l'enfant qui demeure en nous, et disons-lui bien qu'il n'a plus aucune raison de s'inquiéter.

Nous pouvons aller sur la colline pour être seul, marcher

parmi les pruniers ou les vignes, et parler à l'enfant en nous. Rassurons-le : « *Mon petit frère chéri, ma chère petite sœur, je sais que tu souffres. Tu es mon enfant intérieur et je suis donc également toi. Aujourd'hui, nous avons grandi ; alors, n'aie plus peur, nous sommes en sécurité. Nous avons les moyens de nous protéger. Viens avec moi et vivons ce que nous offre le présent. Ne laisse plus le passé nous emprisonner. Viens, prends ma main, marchons ensemble et savourons chacun de nos pas.* »

Nous devons réellement parler à l'enfant qui vit en nous, même à voix haute – non seulement y penser, mais le faire vraiment. Si nous prenons l'habitude de dialoguer avec notre enfant intérieur chaque jour, la guérison interviendra. À son tour, il nous rejoindra dans notre vie, aujourd'hui. Parlons à l'enfant, prenons sa main, et ramenons-le au présent pour qu'il savoure la vie, ici et maintenant. Si nous pouvons dialoguer ainsi quinze minutes tous les jours avec le petit enfant vulnérable, nous pourrons faire face à nos vieilles angoisses.

Comparons cela à une casserole d'eau que nous faisons bouillir en laissant dessus un couvercle. Sous l'effet de la chaleur, la vapeur fera pression sur le couvercle. À l'inverse, dès qu'on ôtera celui-ci, la vapeur pourra s'échapper. Libérée de tout obstacle, la vapeur ne crée plus aucune pression.

C'est pareil avec l'enfant. Si nous pouvons lui parler tendrement et exposer la peur originelle de l'enfance à la lumière de notre pleine conscience, nous commencerons à guérir. Nous devons rassurer l'enfant et lui faire sentir que, bien que la peur soit réelle, elle n'a plus aucun fondement. À présent, nous sommes adultes et nous pouvons nous protéger et nous défendre par nous-mêmes.

Dialoguer avec l'enfant intérieur

Comme nous l'avons vu, il est essentiel de parler à l'enfant, mais il est tout aussi important de lui laisser l'espace pour s'exprimer lui aussi. Si, à l'époque, l'enfant que nous étions n'a guère pu s'exprimer, voici l'occasion rêvée pour qu'il puisse enfin le faire.

Placez deux coussins face à face. Asseyez-vous sur l'un des deux et regardez l'autre. Visualisez-vous assis, là, enfant de trois, quatre ou cinq ans, et parlez-lui : *« Mon enfant chéri, je sais que tu es là, en moi. Tu es blessé, je le sais. Tu as traversé tant de souffrances, je sais que c'est vrai parce que j'ai été toi. Mais, maintenant, je te parle comme ta part adulte, et je veux te dire que la vie est merveilleuse, qu'elle regorge d'éléments qui apportent fraîcheur et apaisement. Ne nous laissons plus engloutir par le passé, ressassant et revivant sans cesse tout ce qui nous a tant fait souffrir. Aujourd'hui, je suis là pour toi, si tu as quelque chose à me dire, je t'écoute, tu peux me le dire simplement. »*

Ensuite, asseyez-vous sur l'autre coussin ou même, si vous préférez, allongez-vous, comme l'enfant de trois ans, et utilisez le langage de la petite fille ou du petit garçon que vous étiez. Vous pouvez vous plaindre. Vous pouvez vous lamenter de vous sentir tellement fragile et vulnérable, complètement démuni ; dire que vous ne pouvez rien faire et que vous avez si peur. Dites à quel point vous avez besoin de la présence d'un adulte. Exprimez-vous librement, jouant pleinement le rôle de l'enfant en vous. Et si l'émotion et la peur émergent, c'est très bien ; c'est le signe que vous êtes en contact avec une angoisse réelle. Vous ressentez le désir profond d'avoir quelqu'un près de vous, pour vous protéger.

Revenez enfin sur l'autre coussin et dites-lui : « *Bien, je t'ai écouté, mon enfant chéri, et je comprends entièrement ta souffrance. Mais tu sais, nous avons grandi. Aujourd'hui, nous sommes devenus un adulte. Toi et moi sommes désormais capables de nous défendre par nous-mêmes. Nous pouvons même appeler la police s'il y a vraiment un danger ! Nous pouvons nous protéger et empêcher d'autres personnes de faire ce qui nous cause du tort. Et nous pouvons tout faire par nous-mêmes. Nous n'avons plus besoin d'un adulte pour nous protéger ; nous n'avons besoin de personne. Nous pouvons ressentir la plénitude par nous-mêmes, sans avoir besoin que quelqu'un d'autre soit là pour nous sentir bien.* » Il est vrai que nous avons souvent tendance à croire qu'il nous faut une autre personne pour jouer le rôle de papa et maman ; mais ce n'est qu'une impression, ce n'est pas la réalité. J'ai déjà pu faire l'expérience de me sentir vraiment comblé sans avoir besoin d'une personne extérieure ; nous pouvons être autonomes et nous épanouir, sans devoir recourir à la présence de quelqu'un d'autre pour obtenir détente et réconfort.

Si vous préférez, il n'est même pas nécessaire de changer de coussin ni de parler à voix haute. Si vous dialoguez avec votre enfant intérieur en l'écoutant aussi attentivement chaque jour, cinq à dix minutes, la guérison s'amorcera.

Écrire une lettre à l'enfant intérieur

Une autre approche est d'écrire au petit enfant ; rédigez une, deux, trois pages ou plus, pour lui montrer que vous savez qu'il est là en vous et que vous ferez tout ce que vous pouvez pour soigner ses blessures. Après lui avoir écrit plusieurs lettres, vous pourrez remarquer que lui aussi a peut-être quelque chose à vous écrire en réponse !

Partager les joies avec l'enfant intérieur

Une autre manière de veiller à ce que le petit enfant en nous se sente en sécurité est de l'inviter à nous accompagner pour jouer « dans la cour du moment présent ». Lorsque nous escaladons une montagne magnifique, invitons le petit enfant à grimper avec nous. Quand nous contemplons un magnifique coucher de soleil, invitons-le à le savourer ensemble. Là encore, en poursuivant cette pratique quelques semaines ou quelques mois, l'enfant pourra guérir ses blessures.

Nous asseoir avec des amis de la *Sangha*[1]

Si nous avons profondément souffert durant l'enfance, il nous sera difficile d'oser encore faire confiance et aimer. Nous craignons de laisser l'amour nous pénétrer. Et pourtant, cette pratique nous invite à retourner en nous, afin de prendre bien soin de notre enfant blessé, même si cela peut parfois se révéler particulièrement difficile. Il nous faut quelques pistes, des instructions sur la manière de pratiquer, afin de ne pas nous laisser submerger par la douleur intérieure. La pratique consiste à développer l'énergie de pleine conscience

---

1. Communauté ou groupe d'amis de pratique.

pour nous renforcer. Et pour ce faire, l'énergie de pleine conscience de nos amis peut également être une aide précieuse. Il est possible que quand nous « reviendrons à nous » pour la première fois, nous ayons besoin de la présence rassurante d'un ou deux amis – en particulier ceux qui ont déjà l'expérience de cette pratique – pour nous apporter soutien, pleine conscience et énergie. Si un ami est assis à notre côté et nous tient la main, nous pourrons combiner son énergie à la nôtre pour aller étreindre notre petit enfant blessé.

Si vous avez une *Sangha* attentionnée, alors votre pratique sera facilitée. En revanche, il est souvent trop difficile de pratiquer seul, en particulier pour quelqu'un qui serait encore au début de sa pratique. C'est pourquoi il est si important de prendre refuge dans la *Sangha*, et d'avoir des frères et des sœurs de pratique pour bénéficier du soutien et des conseils nécessaires dans les moments difficiles.

7

Réconciliation

Nous avons tous tendance à blâmer les autres, comme s'ils étaient séparés de nous. Mais peut-être pouvons-nous prendre le temps de nous arrêter, pour revenir en nous et nous interroger profondément : *« Est-ce que j'évolue chaque jour ? », « Suis-je chaque jour un peu plus heureux, heureuse ? », « Suis-je en meilleure harmonie avec moi-même et avec les autres, autant avec les personnes qui me sont chères qu'avec celles que j'aime moins ? »*

Peu importe ce que disent ou font les autres ; cela ne doit pas nous affecter car chacun de nous est capable de prendre soin de lui-même. Nous pouvons faire de notre mieux pour vraiment aider les autres au lieu de les juger ou de les réprimander, et nous éviterons ainsi de générer encore plus de conflits autour de nous par nos comportements.

Quand notre main gauche est blessée, jamais nous ne nous énervons sur elle en lui disant : « Oh ! Quelle main stupide ! Comment as-tu pu faire cela ? » Au contraire, nous lui portons naturellement toute notre attention de façon à ce qu'elle puisse guérir. C'est de cette manière que nous devrions aussi considérer les personnes qui, au sein de notre famille ou de notre communauté, ne vont pas très bien ou sont facilement blessées et traversent de nombreuses difficultés. Au lieu de leur reprocher : « Tu ne fais pas ce qu'il faut, tu dois changer », apprenons à prendre soin d'elles comme nous le ferions pour notre main gauche blessée.

Quand nous sommes en colère contre une autre personne, c'est bien souvent parce que nous ne parvenons pas à voir les nombreux éléments en elle et qui, comme nous le savons à présent, ne sont pas vraiment elle. Dans ces moments-là, nous ne voyons pas qu'elle agit sous l'emprise des énergies d'habitude qui lui ont été transmises. En revanche, si nous prenons le temps de nous arrêter et de porter un regard plus profond sur ce que vit cette personne, nous pourrons l'accepter beaucoup plus facilement. Et cela s'applique tout autant à chacun de nous. En effet, si nous pouvons repérer en nous tous les éléments qui nous ont été transmis par d'autres personnes, comme nos parents ou nos ancêtres, et les éléments qui nous viennent de notre environnement, nous verrons à quel point la sévérité avec laquelle nous nous traitons nous-mêmes et nous traitons les autres vient en grande partie d'autres causes, d'autres éléments. Peut-être pourrons-nous repérer : « Ah, ça, c'est grand-père qui juge mon ami », car nos ancêtres continuent à vivre en nous chaque jour. Chaque fois que nos interactions seront basées sur une intention claire et sans jugement, notre conscience s'élargira, nous montrant à quel point nos pensées, paroles et actions sont loin d'être les nôtres uniquement. Enrichis de cette nouvelle compréhension, nous pourrons aisément trouver un moyen de résoudre les difficultés que nous vivons avec les autres et parvenir à la paix.

Perceptions erronées

Comme nous restons souvent prisonniers des images de notre souffrance passée, nous avons facilement tendance à développer de fausses perceptions ; et nos comportements vis-à-vis des autres engendrent alors encore plus de souffrance. Supposons que je sois en colère contre quelqu'un parce que je suis persuadé que cette personne essaie de me faire du mal. C'est juste ma perception, mais je suis convaincu que cette personne a l'intention de me faire souffrir et de me gâcher la vie. Cette perception va générer de la colère en moi, me poussant à des actions qui apporteront encore plus de souffrance à toutes les personnes concernées.

Au lieu de répliquer violemment, nous pouvons revenir à notre respiration et notre marche conscientes afin de générer pleine conscience et vision profonde. En inspirant et expirant, nous percevons qu'il y a de la souffrance en nous ainsi que nombre de perceptions erronées. Nous voyons qu'il y a également de nombreuses souffrances et perceptions erronées chez l'autre personne. Notre pratique nous permet d'atteindre un certain niveau de prise de conscience, mais ce n'est pas nécessairement le cas de l'autre personne si elle ne sait pas comment reconnaître sa propre souffrance et en prendre soin afin de s'extraire de la situation qu'elle vit. Elle continue alors à souffrir et à faire souffrir les personnes de son entourage.

Dès que nous pouvons percevoir la situation sous cet angle nouveau, nous reconnaissons la souffrance que cette personne porte en elle, voyant clairement qu'elle ne sait simplement pas comment la traiter. Si je perçois la souffrance de cette personne et ce qu'elle vit, il y a alors place pour qu'émerge la compassion. Et, grâce à celle-ci, la colère pourra se transformer, nous permettant de modifier notre façon d'être. Libéré de la colère, je cesserai d'agir dans l'intention de punir.

Notre changement d'attitude est l'effet de la vision profonde. Celle-ci peut véritablement nous sauver car elle permet de corriger nos fausses perceptions, en l'absence desquelles il n'y a plus ni colère, ni peur, ni désespoir. Il y a désormais de la place pour la sollicitude et la compassion.

À l'origine de nos actes se trouve ce que l'on nomme la *volition*[1]. Si nos perceptions sont erronées, notre volition nous poussera à réagir impulsivement, ce qui risque de créer encore plus de souffrance. Au contraire, si nous cultivons la vision profonde, notre volition sera saine et nous serons motivés par le désir d'aider et non plus par celui de punir. Avec une telle motivation, nous nous sentirons nettement mieux, même si nous n'avons encore rien fait. Nous sentirons immédiatement le bénéfice de notre pratique. Et l'autre personne, que nous considérions comme responsable de notre souffrance, en bénéficiera à son tour elle aussi.

Améliorer les relations avec notre famille

Quand vous étiez encore enfant, votre père considérait peut-être que vous lui apparteniez, comme une maison, une somme d'argent ou une voiture. Il estimait alors qu'il pouvait faire tout ce qu'il voulait de vous, puisque vous étiez son fils, sa fille. À ses yeux, vous n'étiez pas une

1. Dans la psychologie bouddhique et en particulier dans la terminologie de Thich Nhat Hanh, le terme « volition » est utilisé plus volontiers que « volonté » pour se référer à l'intention qui dirige l'esprit, notre motivation profonde, l'énergie qui alimente nos actions.

véritable personne, un être humain pouvant penser, agir et suivre ce qui vous semblait juste, bon et vrai. Il voulait seulement que vous suiviez la voie qu'il avait tracée pour vous. Mais pourquoi donc certains pères sont-ils ainsi, alors que d'autres sont si différents, capables de traiter leurs enfants avec un profond respect, comme des êtres vivants libres ?

Si notre père ne nous a pas bien traités, c'est peut-être parce qu'il est né sous une mauvaise étoile. Son éducation et son environnement ne lui ont pas appris à ressentir et à exprimer l'amour et la compréhension. Si nous le blâmons, si nous voulons le punir, il souffrira encore plus, et cela en restera là. Or ce n'est pas comme cela que nous pourrons l'aider. Inversement, si nous prenons la peine de voir qu'il a été malheureux, qu'il n'a pas eu de chance, notre colère envers lui pourra s'estomper. Nous le verrons alors comme un papa qui a besoin de notre amour et non de notre punition.

De notre côté, il est évident que nous devons aussi veiller à être en sécurité et à ne pas rester en sa présence si notre père nous blesse sur le plan physique ou émotionnel. Il faut trouver le juste équilibre car, à l'inverse, le fuir ne fera qu'accroître la souffrance pour l'un et l'autre. Si nous ne pratiquons pas la pleine conscience avec nos parents, nous risquons de créer un véritable enfer pour chacun de nous.

Quand il y a conflit entre les enfants et leurs parents, ce sont bien souvent les enfants qui « perdent » car un enfant n'est pas censé répondre avec le langage qu'utilisent ses parents. Ils peuvent peut-être le maltraiter, voire le battre, mais l'enfant n'est pas supposé riposter quand il s'agit de ses parents. D'autres abusent de leurs enfants, par des mots violents, mais les enfants ne peuvent pas répliquer. Comme ils ne peuvent pas exprimer la violence qu'ils ont reçue, ils la manifestent autrement, parfois en tombant malades. La violence reste en eux et cherche une échappatoire, une façon de s'exprimer. Bien souvent, si nous ne prenons pas soin de nous, s'il nous arrive de nous mutiler, c'est parce que nous n'avons pas trouvé d'autres moyens pour exprimer la violence que nous avons accumulée. Nous sommes souvent les victimes de la violence que nous avons reçue de nos parents et de la société.

Malgré tout l'amour qu'ils voulaient nous donner, toujours soucieux de nous rendre heureux, nos parents n'ont pas pu développer la sagesse nécessaire pour nous préserver de la violence qu'ils portaient en eux. Cela me rappelle le cas d'un jeune homme, étudiant en médecine et dont le père était lui-même médecin. Comme la plupart des jeunes de sa génération, cet étudiant s'était promis d'être différent de son père. Or, quand il fut papa à son tour, il reproduisit exactement le même scénario que celui qu'il avait connu avec son propre père, ne cessant de crier sur ses enfants et de les critiquer chaque jour.

Enfants, nous nous jurons toujours de faire tout l'inverse de ce qu'ont fait nos parents. Or, bien souvent, quand nous avons nos propres enfants, nous reproduisons leurs habitudes. C'est ce qu'on appelle la roue du *samsâra*, la continuation de la souffrance de génération en génération. Et si nous pratiquons, c'est précisément pour couper court à la roue du *samsâra*, pour stopper nos habitudes et éviter qu'elles n'affectent notre relation avec nos propres enfants.

Nos deux générations, parents et enfants, doivent identifier la violence qui nous détruit tous, tant nous-mêmes que les personnes que nous aimons. C'est ensemble que nous devrions chercher la voie de la vision profonde car nous ne sommes que des victimes. Bien souvent, en revanche, nous ne cessons de nous adresser des reproches les uns aux autres ; les enfants étant persuadés d'être victimes de leurs parents, et les parents, quant à eux, étant convaincus d'être victimes de leurs enfants. Au lieu de nous affronter, cherchons à nous rapprocher, parents et enfants, compagne et compagnon, afin de trouver une issue à nos conflits, acceptant ainsi de reconnaître que la violence est en chacun de nous. Ce n'est pas parce que nous avons souffert que nous devons perpétuer cette souffrance l'un envers l'autre. Puisque nos blessures présentent en grande partie les mêmes causes, cessons d'être ennemis et faisons alliance. La souffrance que nous portons chacun suffit amplement à nous indiquer le chemin qui nous évitera de retomber dans les mêmes erreurs. Le Bouddha lui-même a dit : « Quoi qu'il advienne, examinez en profondeur sa nature. » Il nous montre ainsi que, dès que nous avons compris la nature et l'origine de notre souffrance, nous sommes sur la voie de la libération.

Cherchons donc à nous rapprocher, compagne et compagnon de vie, amis, mère et fille et, ensemble, reconnaissons que, l'un et l'autre, l'une et l'autre, nous avons souffert et que, toutes et tous, nous sommes habités par la violence, la haine et les afflictions. Au lieu de rester dans l'opposition et les reproches, aidons-nous et pratiquons ensemble, avec l'aide d'un enseignant et de notre communauté.

Ouvrir notre cœur

J'ai connu un jeune homme qui était dans une colère telle contre son père qu'il n'hésitait pas à déclarer : « Je ne veux plus rien avoir à faire avec mon père. » D'une certaine façon, nous pouvons le comprendre. Persuadé que sa souffrance provenait de son père, tout ce qu'il voulait était être à l'opposé de lui. Il voulait marquer une rupture totale avec cette partie de son existence. Et pourtant, en prenant le temps d'examiner en profondeur sa situation, il pourrait clairement voir que même s'il éprouve une haine profonde envers son père, il *est* malgré tout ce père, il en est la continuation. Haïr son père, c'est se haïr soi-même. Nous n'avons pas d'autre choix que celui d'accepter notre père. Et, pour ce faire, il est bon que notre cœur soit bien ouvert, bien grand, car, s'il est encore étriqué, comment y accueillir notre père, l'y étreindre de toute notre tendresse ?

La pratique du regard profond est la seule qui puisse permettre à notre cœur d'avoir une expansion sans limites. Un cœur que l'on peut mesurer n'est pas un grand cœur. Dans le bouddhisme, nous parlons des « quatre incommensurables », les quatre éléments qui constituent l'amour véritable. Il s'agit de la bonté aimante, de la compassion, de la joie, et de l'équanimité ou de la non-discrimination (respectivement en sanskrit : *maitri, karuna, mudita* et *upeksha*). Nous pratiquons avec ces éléments de façon à transformer notre cœur en une dimension incommensurable. Ainsi, lorsqu'il commence à gagner de l'expansion, à s'élargir, nous sommes en mesure de contenir et supporter toutes sortes de souffrances. Et si nous accueillons tendrement la souffrance que nous portons en nous, nous ne la subissons plus.

Pour décrire ce qu'est ce cœur incommensurable, le Bouddha aimait proposer cette analogie : « Si une poignée de sel tombait dans notre verre d'eau, nous ne pourrions pas boire cette eau et nous devrions la jeter. Mais si nous décidions de confier cette poignée de sel à une immense rivière, nous pourrions toujours en utiliser l'eau. La rivière est grande, elle peut accueillir cette quantité de sel et nous pouvons en boire l'eau. »

Un cœur tout petit n'est pas en mesure de supporter la somme de douleurs et de souffrances subies d'une autre personne ou de la société. Élargissons notre cœur, et nous pourrons alors étreindre la douleur sans devoir souffrir. La pratique des quatre incommensurables transforme notre cœur en une immense rivière.

La méditation de *Metta*

Metta[1] signifie « bonté aimante ». Sa racine est le mot *mitra*, qui signifie « ami ». La méditation de *Metta* nous aide à devenir un ami pour nous-mêmes et pour les autres. Nous commençons par la formulation d'une aspiration profonde : *« Puissé-je être... »* Puis, dépassant le stade de la simple aspiration, nous examinons en profondeur tous les aspects positifs et négatifs de l'objet de notre méditation, en l'occurrence nous-mêmes. Nous devons regarder en profondeur, avec tout notre être, afin de comprendre, car la volonté d'aimer n'est pas encore de l'amour. Il ne s'agit pas de simplement répéter des mots ; ce n'est donc pas de l'autosuggestion. Nous examinons en détail notre corps, nos sensations, nos perceptions, nos formations mentales et notre conscience, et, pratiquant ainsi quelques semaines, notre aspiration à l'amour pourra se transformer en une véritable intention profonde. L'amour pénétrera nos pensées, nos paroles

1. *Metta* est le terme pali, tandis que *mitra* en est la racine et vient de *maitri* en sanskrit.

et nos actes, et nous nous observerons nettement plus paisibles, heureux et légers de corps et d'esprit.

Cette méditation de l'amour est adaptée du Visuddhimagga (la voie de la Purification) de Buddhaghosa, une systématisation des enseignements du Bouddha datant du ve siècle après Jésus-Christ. Nous commençons à pratiquer cette méditation de l'amour sur nous-mêmes *(« Puissé-je... »)*. Ce n'est qu'après avoir pratiqué sur nous-mêmes, en développant la capacité de nous aimer et de prendre soin de nous, que nous pourrons apporter une aide véritable aux autres. Nous pouvons alors appliquer cette méditation à quelqu'un que nous aimons profondément ou apprécions *(« Puisse-t-il, puisse-t-elle... », « Puissent-ils... »)*, puis à quelqu'un qui nous est indifférent, enfin, à quelqu'un qui nous fait souffrir.

Puissé-je être en paix, heureux et léger de corps et d'esprit,
Puissé-je être en sécurité et libre de toute blessure,
Puissé-je être libéré de la colère, des soucis, de la peur et de l'anxiété.

Puissé-je apprendre à me regarder avec les yeux de la compréhension et de l'amour,
Puissé-je être capable de toucher et d'identifier en moi les graines de joie et de bonheur,
Puissé-je apprendre à repérer en moi les sources de colère, d'attachement et d'aveuglement,
Puissé-je savoir nourrir quotidiennement en moi les graines de joie,
Puissé-je être capable de vivre frais, solide et libre,
Puissé-je être libéré des deux extrêmes que sont l'attachement et l'aversion, sans tomber dans l'indifférence.

L'amour n'est pas seulement l'intention d'aimer ; c'est aussi la capacité d'alléger la douleur et d'offrir paix et bonheur. La pratique de l'amour développe notre tolérance, notre capacité à faire preuve de patience et à apprivoiser difficultés et douleur. Si notre cœur est suffisamment ouvert, nous pouvons accueillir la douleur sans en souffrir. Tolérer la douleur ne signifie pas tenter de la supprimer.

Traité de paix

Si nous voulons éviter de souffrir dans nos relations, avec nos partenaires ou nos familles, ne plus tomber dans les pièges des accusations et des conflits, nous pouvons signer un « traité de paix[1] ». « Chéri(e), je sais qu'il y a une graine de colère en toi. Je sais aussi que chaque fois que j'arrose cette graine j'induis ta souffrance et que tu me fais souffrir également. Je m'engage donc aujourd'hui à m'abstenir d'arroser la graine de colère en toi. Je le promets. Bien sûr, je promets également de ne pas arroser la graine de colère que je porte en moi. S'il te plaît, chéri(e), vois si tu peux prendre le même engagement. Dans ta vie quotidienne, s'il te plaît, évite de lire, regarder ou consommer quoi que ce soit qui puisse alimenter les graines de colère et de violence qui sont en toi. Tu sais combien la graine de colère que je porte en moi est déjà suffisamment grande… Et, chaque fois que tu l'arroses par un geste ou un mot, j'en souffre et je te fais souffrir toi aussi.

1. Pour plus de détails au sujet du traité de paix, se référer à l'ouvrage de Thich Nhat Hanh, *La Paix en soi, la paix en marche*, paru chez Albin Michel (2006).

Alors, soyons intelligents et n'arrosons pas les graines de violence et de colère en chacun de nous. »

Cet exemple est une partie du « traité de paix » que nous pouvons signer avec la personne qui nous est chère : notre partenaire, notre parent, notre enfant. Ce serait même magnifique que d'autres membres de la famille ou de la communauté puissent en être les témoins, en assistant à notre signature. Selon les termes du « traité de paix », chaque fois que la colère monte, nous évitons de dire ou faire quoi que ce soit. Simplement, nous revenons à notre respiration consciente, nous prenons soin de notre colère, et regardons en profondeur pour toucher et identifier l'origine de cette souffrance.

L'une des premières choses que nous observerons sera sans doute le fait que la source principale de notre souffrance est la graine de colère présente en nous et que l'autre personne n'en est qu'une cause secondaire. Nous pouvons alors regarder cette personne, et voir qu'elle ne connaît pas la pratique et ne sait donc pas comment gérer la violence qui l'habite et en prendre soin. Cette personne a souffert à maintes reprises et est devenue une victime de sa propre souffrance. C'est pour cela qu'elle continue à souffrir et à faire souffrir les personnes autour d'elle. C'est tout naturel. Bien plus que de nos reproches et réprimandes, elle a besoin d'aide. Et c'est là une deuxième observation majeure que nous pourrons sans doute faire.

Mais nous pouvons aller encore plus loin, et nous demander qui pourrait aider cette personne quand elle a besoin d'aide. En prenant conscience que nous sommes probablement celui ou celle qui la comprend le mieux, nous verrons bien vite que nous devrions être présents pour elle. Dès que nous sentons en nous ce désir d'aider l'autre personne, nous savons alors que notre colère a pu se transformer en compassion. Nous ne souffrons plus. Nous sommes motivés par l'amour, par la compassion et par l'envie d'aider. Par expérience, je peux vous assurer que cela fonctionne car j'ai rencontré de nombreux jeunes qui, après avoir pratiqué au Village des Pruniers, sont rentrés chez eux aider leurs parents. Toute haine envers eux les avait quittés.

Écrire une lettre

Lors d'une retraite, j'ai rencontré un jeune homme qui ressentait beaucoup de colère envers sa mère. Et alors que j'avais demandé à tous les participants d'écrire toutes les qualités positives de leurs parents, cet homme s'était persuadé que, pour lui, ce serait impossible : « D'accord, faire la liste des qualités de mon père, c'est facile ; mais si je dois énumérer celles de ma mère, je ne pense pas que je pourrai écrire grand-chose. » Et pourtant, il commença à écrire et se surprit lui-même quand, l'une après l'autre, chacune des qualités de sa mère put prendre forme sur son papier. Tant et si bien qu'une seule page n'y suffit pas et qu'il dut retourner la feuille pour continuer à écrire !

Pendant ce temps, il pratiqua le regard profond et prit conscience des très nombreuses qualités de sa maman. Son sentiment de colère contre elle n'était dû qu'à une seule chose, mais celle-ci avait masqué tout le reste. À la fin de l'exercice, il avait redécouvert que sa maman était une personne merveilleuse. Dans un deuxième temps, il put alors s'asseoir et rédiger une belle lettre d'amour pour elle.

Il la remercia pour toutes les qualités qu'elle lui avait

transmises : « Maman, je suis si heureux et fier d'avoir une maman comme toi. » Une semaine plus tard, son épouse lui téléphona depuis les États-Unis pour lui annoncer : « Ta maman a été extrêmement heureuse quand elle a lu ta lettre. Elle a dit qu'elle avait retrouvé son fils merveilleux. Et elle m'a même confié que si sa propre mère avait encore été en vie, elle aurait aimé pouvoir lui écrire une aussi belle lettre. »

Après cette conversation avec son épouse, le jeune homme s'assit et se mit à rédiger une deuxième lettre à sa mère. « Maman, si tu regardes profondément en toi, tu verras que grand-mère est toujours vivante, dans chaque cellule de ton corps. Et je suis certain que si tu t'assieds et lui écris une lettre, ma grand-mère pourra la lire. Il n'est pas trop tard. » La relation entre la maman et son fils a été rétablie en beauté, et bien plus vite qu'on ne pourrait l'imaginer !

Selon le « traité de paix », si nous ne parvenons pas à transformer notre colère après l'avoir pleinement accueillie et examinée en profondeur, nous devons alors en faire part à la personne concernée, dans un délai de vingt-quatre heures. Nous n'avons pas le droit de garder notre colère pour nous plus d'un jour, ce ne serait pas sain, nous devons la lui exprimer. Pour ce faire, nous nous adressons à l'autre personne, lui expliquant que nous sommes en colère, que nous souffrons. En revanche, si nous sentons que nous ne sommes pas encore capables de le dire avec calme, nous pouvons l'écrire sur un bout de papier. Et, là aussi, le « traité de paix » nous conseille de transmettre ce mot dans les plus brefs délais[1].

1. Voir l'exemple de « traité de paix » dans la section « Pratiques de guérison », en fin d'ouvrage.

Trois phrases pour se réconcilier

Au Village des Pruniers, nous avons l'habitude d'utiliser trois courtes phrases quand nous nous sentons en colère contre quelqu'un. Si vous voulez, vous pouvez les noter et les garder dans votre portefeuille, en guise de rappel. Avec la première phrase, vous exprimez la vérité à l'autre personne. Par la parole aimante, vous lui dites combien vous souffrez et êtes en colère contre elle ou contre lui : « Je suis en colère, je souffre et je veux que tu le saches. » Bien souvent, dans une situation comme celle-là, nous ressentons de l'arrogance, voire de la fierté. Dans ce cas, quand l'autre personne s'approche de nous et nous demande si nous allons bien, si nous sommes fâchés, nous aurons tendance à répliquer sous l'emprise de la colère : « Moi, en colère ? Non, pourquoi ? Je vais très bien ! » Or, cette attitude est à l'opposé de la pratique. Ce que je vous conseille plutôt est de simplement reconnaître : « Je suis en colère, vraiment en colère. Je souffre et je veux que tu le saches. » Et si vous voulez préciser davantage votre ressenti, vous pouvez même ajouter : « Je ne comprends pas pourquoi tu m'as dit cela, pourquoi tu m'as fait cela. Je souffre beaucoup. » Voilà ce à quoi nous invite la première phrase.

Avec la deuxième phrase, nous expliquons à l'autre personne que nous veillons à pratiquer : « Je fais de mon mieux. » Et cela veut simplement dire que je pratique et que, chaque fois que je me mets en colère, je dois éviter de dire ou faire quoi que ce soit. Je reviens simplement à ma respiration et, en pleine conscience, j'entoure ma colère de toute ma tendresse, je l'examine en profondeur pour bien voir les racines qui sont en moi. En affirmant que je fais de mon mieux, je montre ainsi à l'autre personne que je suis un pratiquant et que je sais comment prendre soin de ma colère. Tout en lui inspirant confiance et respect, cette attitude sera aussi une manière indirecte d'inviter cette personne à pratiquer à son tour. Ainsi, peut-être pourra-t-elle s'interroger sur sa propre attitude : *« Qu'est-ce que j'ai dit ? Qu'est-ce que j'ai fait pour le faire souffrir autant ? »* Et ça, c'est déjà le début de la pratique. La deuxième phrase invite donc l'autre personne à examiner en profondeur si elle a été injuste dans ce qu'elle a dit ou fait.

Avec la troisième phrase, je demande de l'aide à l'autre personne quand, seul, je ne me sens pas capable de transformer ma souffrance, ma colère : « S'il te plaît, aide-moi. » Bien souvent, le simple fait d'écrire cette troisième phrase apporte déjà un soulagement. Quand nous sommes en couple ou que nous avons des amis de pratique, il est essentiel de pouvoir partager les moments de bonheur, tout comme ceux de souffrance. « Maintenant je souffre, je veux le partager avec toi et j'ai besoin de ton soutien. » Or, bien souvent, nous faisons juste l'inverse. Sous l'emprise de notre blessure, de notre colère, nous préférons nous réfugier dans notre chambre et pleurer seul, refusant toute aide venant de quelqu'un d'autre. Cédant à notre fierté, nous voulons punir l'autre en lui montrant que nous pouvons parfaitement nous en sortir sans lui, sans elle. Or, exprimer notre souffrance, ne serait-ce que par écrit, nous aidera à surmonter cette fierté. Cela montre à quel point ces trois phrases peuvent être un véritable guide pour notre pratique. Elles nous aident à nous exprimer sincèrement : « Je suis en colère contre toi, j'en souffre beaucoup et je veux que tu le saches. » « Je fais de mon mieux pour prendre soin de ma souffrance. » « S'il te plaît, aide-moi. »

Peut-être pourriez-vous écrire ces trois phrases sur un petit bout de papier – la taille d'une carte de crédit suffira – pour pouvoir la glisser dans votre portefeuille ? Chaque fois que surgira en vous l'énergie de la colère, vous saurez ainsi quoi faire ; il vous suffira de prendre cette carte et de relire les phrases. Le Bouddha sera alors avec vous et vous saurez exactement quoi faire et ne pas faire. Nombre de mes amis ont pu appliquer cette méthode et ont transformé leurs relations – entre père et fils, entre mère et fille, entre partenaires. Les pratiques de la respiration et de la marche en pleine conscience sont une aide très précieuse pour nous aider à revenir au calme. Elles nous invitent à faire appel à ce qu'il y a de meilleur en nous pour gérer la situation. Ainsi, nous ne cédons plus à notre tendance à réagir en laissant colère et violence entraîner encore plus de souffrance.

Une lettre de réconciliation

Ces trois phrases peuvent servir de trame à une lettre de réconciliation que nous pourrions écrire. La pratique réserve en effet une part importante à la rédaction de lettres car, même habités des meilleures intentions, nous restons tous susceptibles de céder à l'irritation quand nous parlons, en réagissant parfois maladroitement, si notre pratique n'est pas assez solide. C'est dommage, car cela risquerait de gâcher complètement toute occasion de faire la paix. C'est pour cela qu'il est parfois plus judicieux, voire plus simple, de rédiger une lettre. Cela nous laisse alors l'occasion d'être parfaitement honnête. En mettant sur papier tout ce que nous ressentons, dans le plus grand calme, par des mots témoignant paix et amour, nous pouvons expliquer à l'autre personne que certains de ses actes ou paroles nous ont blessés. Nous cherchons à établir le dialogue, en lui écrivant des phrases telles que : « Chère amie, cher ami, je suis peut-être victime de perceptions erronées, et il est possible que ce que j'écris ici ne reflète pas la réalité. Cependant, c'est ainsi que je vis la situation. C'est vraiment ce que je ressens au plus profond de mon cœur. Si mes perceptions sont fausses, alors, s'il te plaît, détrompe-moi. S'il y a quoi que ce soit de faux dans ce que j'écris, prenons le temps de réexaminer la situation ensemble afin de résoudre le malentendu. » En écrivant, il est important d'utiliser la parole aimante et, si une phrase n'est pas assez bien écrite, n'hésitons pas à recommencer et à la remplacer par une autre plus aimable.

Dans la lettre, il est tout aussi important de montrer que nous reconnaissons la souffrance que vit l'autre personne. « Toi, à qui je tiens tant, je sais que tu as souffert toi aussi. Et je sais que tu n'es pas totalement responsable de ta souffrance. » En pratiquant la vision profonde, nous pourrons repérer certaines des racines et des causes de la souffrance qu'elle vit. Nous pouvons même lui en parler, et exprimer ce qui nous fait souffrir de notre côté, montrant ainsi que nous comprenons sa réaction ou les paroles qu'elle a pu prononcer.

Cette lettre est vitale pour notre bonheur ; il est donc essentiel de prendre tout le temps dont nous avons besoin pour la rédiger, qu'il s'agisse d'une semaine, voire de deux ou trois, si nécessaire. Le temps que nous consacrerons à ce courrier est même plus important que l'année, ou les deux années, que certains d'entre nous passent à rédiger leur thèse de doctorat. Notre thèse n'est pas aussi essentielle que notre lettre ; cette dernière représente sans doute la meilleure occasion qui s'offre à nous pour parvenir à rétablir la communication. Nous pouvons être le meilleur médecin, le meilleur thérapeute de la personne que nous aimons, car c'est nous qui la connaissons le mieux.

L'aide dont nous avons besoin pour rédiger ce message nous sera donnée. N'oublions pas que nous avons des frères et sœurs de pratique, au sein même de la communauté, qui peuvent nous aider et nous éclairer ; nous ne sommes pas seuls. Quand nous écrivons un livre, nous en confions le manuscrit à des amis et à des spécialistes pour leur demander conseil. Nos compagnons de pratique sont des spécialistes car ils pratiquent tous l'écoute compatissante, le regard profond et la parole aimante. Nous pouvons donc faire lire notre lettre à un frère, à une sœur, et lui demander de nous dire si le ton est suffisamment aimable, assez calme, et si notre regard sur la situation est suffisamment profond. Nous pouvons ensuite la soumettre à l'avis d'une autre sœur ou d'un autre frère et poursuivre ainsi jusqu'au moment où nous sentirons que notre message pourra contribuer à la transformation de l'autre personne et la guérir de sa souffrance.

Cette lettre est tellement importante qu'elle mérite qu'on y consacre tout le temps, l'énergie et l'amour nécessaires. Il est vital de restaurer la communication avec cette personne à laquelle nous tenons tant ; et il est certain que personne ne nous refusera son aide pour un aussi beau projet. C'est peut-être notre père, notre mère, notre fille ou notre partenaire qui nous aidera, ou la personne assise juste à côté de nous. L'essentiel est de commencer dès à présent ; nous pouvons même rédiger les premières lignes aujourd'hui. Ainsi, nous découvrirons qu'avec un simple stylo et une feuille de papier nous pouvons pratiquer et transformer notre relation.

Et même si nous ne pensons pas à ce courrier durant nos activités, que ce soient la marche ou l'assise méditatives, le jardinage, le nettoyage ou la préparation de notre repas, il est évident que tout ce que nous ferons sera en relation avec son contenu. Le temps que nous passons à écrire, face à notre table, n'est que le temps consacré à mettre nos sentiments sur le papier. Mais ce n'est pas véritablement le moment où nous produisons la lettre. Sa véritable création intervient quand nous arrosons les légumes, quand nous pratiquons la méditation marchée, ou même quand nous cuisinons pour la communauté. Toutes ces pratiques nous aident en effet à nous apaiser et à nous rendre plus solides. C'est alors que, par la pleine conscience et la concentration, nous permettrons à nos graines de compréhension et de compassion de se développer. Si la lettre que nous adressons à la personne qui nous est si chère est le fruit de la pleine conscience générée par notre pratique attentive tout au long de notre journée, elle sera certainement magnifique. Et même si nous n'y pensons pas, elle est en train de s'écrire dans les profondeurs de notre conscience.

Notre journée ne peut pas se résumer à nous asseoir et écrire ; nous avons d'autres choses à faire, qu'il s'agisse de simplement boire notre thé, préparer le petit déjeuner, laver nos vêtements ou arroser les légumes. Le temps que nous consacrons à chacune de ces activités est extrêmement important. Nous devons les faire du mieux que nous pouvons et nous impliquer à cent pour cent dans l'acte de cuisiner, d'arroser le potager ou de faire la vaisselle. Nous apprécions tout simplement ce que nous sommes en train de faire, et nous le faisons profondément. Cela est essentiel pour notre lettre et pour tout ce que nous voulons produire d'autre.

L'illumination n'est en rien différente de la vaisselle ou de la culture des salades. La réelle pratique consiste à vivre intensément chaque moment de notre quotidien avec pleine conscience et concentration. C'est précisément durant ces moments de vie quotidienne que la conceptualisation et la création d'une œuvre d'art prennent naissance. L'instant où nous écrivons notre morceau de musique ou notre poème n'est jamais que la phase d'accouchement de notre bébé. Ce nouveau-né doit déjà être en nous pour que l'on puisse lui donner naissance. Si le bébé n'est pas en nous, nous pourrons rester des heures et des heures face à notre bureau, il n'y aura rien à produire rien dont nous pourrons accoucher. Notre vision, notre compassion et notre capacité à écrire d'une manière qui puisse ouvrir le cœur de l'autre sont des fleurs qui s'épanouissent sur l'arbre de notre pratique. Nous devrions faire bon usage de chaque instant de notre vie quotidienne afin de permettre à la compréhension et à la compassion de s'épanouir.

C'est grâce à l'énergie de pleine conscience présente en nous que nous pouvons écrire une vraie lettre d'amour et nous réconcilier avec une autre personne. Les mots d'amour sont toujours empreints de vision profonde, de compréhension et de compassion. Sans cela, il ne s'agirait pas vraiment d'une lettre d'amour. La véritable lettre d'amour peut alors induire une réelle transformation chez l'autre personne et donc dans le monde. Mais, avant qu'il nous soit possible de produire cette transformation en l'autre, elle doit s'opérer en nous. Et c'est pour cela que certaines lettres nous demanderont peut-être une vie entière.

Maladresse

Si, par le passé, nous avons souffert ou fait souffrir d'autres personnes, surtout ne nous laissons pas décourager par la prise de conscience que nous avons aujourd'hui ! Si nous savons comment prendre soin de notre souffrance, elle pourra nous enseigner beaucoup. Bien sûr, nous avons fait des erreurs. Bien sûr, nous n'avons pas toujours été très adroits. Certes, nous nous sommes fait du tort à nous-mêmes et nous avons même fait souffrir des personnes autour de nous. Mais rien ne nous empêche de prendre un nouveau départ et de faire bien mieux l'année prochaine et, pourquoi pas, tout de suite… Posons un regard neuf sur notre souffrance, et nous pourrons la transformer en un élément positif. Nous avons tous commis des bêtises, des maladresses, mais, désormais, nous pouvons faire le choix de progresser, de recommencer et de nous transformer.

Généralement, dès que quelque chose va de travers, nous cherchons à ce que cela s'arrange immédiatement. Nous voulons que la douleur et la souffrance, tout ce qui ne va pas, disparaissent au plus vite. Et pourtant, quand nous sommes confrontés à une difficulté, la toute première étape est justement de ne pas chercher à la résoudre. Avant toute chose, il s'agit de la reconnaître, simplement pour ce qu'elle est. Ensuite, quand nous aurons pu rester quelque temps avec nous-mêmes, il sera beaucoup plus facile de nous rapprocher de la personne avec laquelle nous sommes en conflit. Nous pourrons lui parler calmement : « Je sais que tu as beaucoup souffert durant ces derniers mois et même au cours des dernières années. Je sais aussi que je suis en partie responsable de ta souffrance. Je ne t'ai pas montré beaucoup d'attention. Je n'ai pas suffisamment compris ta souffrance et tes difficultés.

J'ai peut-être même dit ou fait certaines choses qui ont encore empiré la situation. J'en suis vraiment navré(e). Ce n'est pas du tout ce que je souhaitais. Au contraire, je veux ton bonheur, ta sécurité, ta liberté et ta joie. J'ai été maladroit(e) à différents moments, parce que je ne comprends pas suffisamment bien ce que tu vis. Je t'ai peut-être même donné l'impression que je cherchais à te faire souffrir. Mais, tu sais, ce n'est vraiment pas le cas. S'il te plaît, parle-moi de ta souffrance ; ainsi, je ne répéterai plus les mêmes erreurs. Ton bonheur est essentiel à mon propre bonheur. J'ai besoin de ton aide. Parle-moi de tes peurs, de tes préoccupations, de tes difficultés ; ainsi je pourrai t'aider plus facilement. » C'est ce type de dialogue que la vision profonde peut apporter.

Bien souvent, nous avons manqué de vigilance à l'égard de nos enfants, ignorant leurs difficultés, leur souffrance, la colère et la douleur qu'ils portaient en eux. Tout parent devrait être capable de parler à son enfant avec les mots du cœur. C'est le langage coulant directement du cœur qui permet de rétablir la communication et de faire la paix avec l'enfant, permettant alors au processus de réconciliation de s'amorcer.

Nous savons tous que la paix commence par nous-mêmes. Mais nous ne savons pas toujours comment nous y prendre. Si nous parvenons à générer l'énergie de pleine conscience et que notre souffrance se transforme ainsi en compréhension et en compassion, alors la réconciliation pourra s'amorcer beaucoup plus facilement. Avant cela, c'est quasiment impossible. La fierté, la colère et notre peur de souffrir nous barrent la route. Mais avec la pleine conscience, la compréhension peut pénétrer le terreau de notre cœur, laissant alors jaillir le nectar de la compassion.

Se réconcilier avec soi-même

Je me souviens du jour où un couple qui allait se marier au Village des Pruniers vint me voir et m'interrogea : « Thây[1], il ne reste plus que vingt-quatre heures avant notre mariage. Comment pouvons-nous nous préparer afin que ce mariage soit une réussite ? » Je répondis : « La chose la plus importante est de regarder profondément en chacun de vous, pour voir s'il y demeure encore un obstacle. En ce moment, y a-t-il quelqu'un avec qui vous êtes encore en conflit, avec qui vous voudriez vous réconcilier ? Reste-t-il quelque chose en vous-même que vous ne vous êtes pas pardonné ? » La réconciliation n'implique pas nécessairement une relation avec une autre personne, c'est aussi se pardonner à soi-même. Il y a beaucoup de conflits en nous et nous devons prendre le temps de nous asseoir pour les harmoniser. Nous devons pratiquer la méditation assise et marchée, de façon à prendre conscience de notre situation et à voir clairement quelle action engager.

Si nous pratiquons la marche méditative et la méditation assise, si nous cuisinons, faisons la vaisselle et veillons à accomplir chacune de nos activités quotidiennes en pleine conscience, c'est toujours avec l'intention de regarder en profondeur ce que nous pouvons faire pour prendre un nouveau départ. C'est ainsi que, à la suite de cette observation, le couple se rendit compte qu'il restait beaucoup trop de choses à réaliser pour les vingt-quatre heures dont il disposait encore avant le mariage. L'un et

---

1. Les étudiants de Thich Nhat Hanh l'appellent affectueusement *Thây*, ce qui signifie en vietnamien maître ou enseignant. Ce mot désigne aussi tout moine reconnu en qualité d'enseignant.

l'autre voulaient notamment se réconcilier au plus vite avec un ami. Mais comment pourraient-ils lui faire parvenir une lettre en moins de vingt-quatre heures ? J'ai pu les rassurer en leur montrant que, si la réconciliation prenait place en eux, c'était largement suffisant. Par la suite, l'effet et les conséquences de cette paix seraient perceptibles partout.

Même si la personne avec laquelle nous voulons nous réconcilier est très loin de nous, si elle refuse de décrocher le téléphone ou d'ouvrir notre lettre, même si elle est déjà disparue, la réconciliation est toujours possible. Il s'agit peut-être de notre père, notre mère, notre sœur, notre fille ou notre fils. Que cette personne soit toujours en vie ou qu'elle soit déjà décédée, il sera toujours possible de parvenir à faire la paix avec elle. Se réconcilier signifie avant toute chose parvenir à la transformation en nous-mêmes, de façon à ce que la paix puisse être rétablie. Nous savons qu'à tout moment il est possible de repartir de zéro, de tout renouveler. Notre maman a peut-être déjà quitté cette vie. Mais si nous regardons en profondeur, nous percevrons qu'elle est toujours en vie à travers nous. Nous ne pourrions pas *être* sans notre maman. Et même si nous la haïssons, ou si nous sommes en colère contre elle, même si nous ne voulons pas penser à elle, elle est toujours en nous. Et, plus que cela, elle est nous et nous sommes elle. Nous sommes la fille ou le fils de notre mère. Nous sommes sa continuation. Nous *sommes* notre mère, que cela nous plaise ou non. C'est pour cela que la réconciliation opère à l'intérieur de chacun de nous et que nous réconcilier avec notre mère, notre père, notre fils, notre fille ou notre partenaire implique simplement de pouvoir nous réconcilier avec nous-mêmes.

Nous regrettons parfois de ne pas avoir dit ce qu'il

fallait à quelqu'un de notre famille avant sa mort. Nous regrettons de ne pas avoir été aimables avec cette personne tant qu'elle était encore en vie. Aujourd'hui pourtant, même si nous croyons qu'il est trop tard, nous pouvons laisser de côté de tels regrets car cette personne est toujours en nous et nous pouvons repartir de zéro. Sourions-lui, et disons-lui tout ce que nous aurions dû lui dire sans en avoir eu l'occasion. Parlons-lui dès maintenant et elle l'entendra. Parfois, nous n'aurons même rien à formuler car le simple fait d'incarner pleinement l'esprit d'un nouveau départ permettra à cette personne de sentir ce renouveau.

Un jour, j'ai pu expliquer cette pratique à un ancien vétéran américain qui avait tué cinq enfants au Vietnam : « Cessez de souffrir à cause des cinq enfants que vous avez tués. Si vous savez comment vivre votre vie aujourd'hui, comment sauver les enfants du présent et du futur, ces cinq enfants parviendront à vous comprendre, ils vous souriront et vous soutiendront sur votre chemin de pratique. » Nous n'avons aucune raison de rester dans la prison de notre complexe de culpabilité. Tout est possible. Le passé n'est pas révolu, il est toujours disponible sous la forme du présent. Si nous savons comment toucher le présent en profondeur, nous toucherons le passé par la même occasion et pourrons même le transformer. C'est ce que nous enseigne le Bouddha. Si nous avons dit quelque chose de particulièrement méchant à notre grand-mère alors qu'aujourd'hui elle n'est plus dans cette vie, nous pouvons effacer nos propos. Nous avons juste à nous asseoir, pratiquer la respiration consciente pour entrer en contact avec notre grand-mère en nous. Nous lui sourions et disons : « Grand-mère, je suis désolé(e). Je ne dirai plus jamais une chose pareille. » Et nous verrons notre grand-mère sourire à son tour. Cette pratique nous apportera beaucoup de paix et nous donnera ainsi une sensation de véritable renouveau. Notre entourage en ressentira énormément de joie et de bonheur, tout comme les générations qui nous suivront.

Que faire quand nous avons blessé quelqu'un ?

Que faire si nous avons blessé d'autres personnes et qu'elles nous considèrent à présent comme leur ennemi ? Il peut s'agir de membres de notre famille, de notre communauté, ou de personnes vivant à l'étranger. Peu importe car je pense que nous connaissons déjà la réponse ; nous savons qu'il y a plusieurs choses que nous pouvons faire. La première est de prendre le temps de dire : « Je suis désolé(e), je vous ai blessé par ignorance, par manque d'attention, j'ai fait preuve de maladresse. À l'avenir, je ferai de mon mieux pour témoigner de plus de compréhension. Mais, maintenant, je préfère ne rien dire d'autre car je ne voudrais pas vous blesser davantage. » En général, nous n'avons pas l'intention de faire du mal, mais cela arrive quand nous sommes maladroits ou manquons de pleine conscience. C'est pour cela qu'il est aussi important de cultiver la pleine conscience dans notre vie quotidienne, de façon à pouvoir nous exprimer sans blesser les personnes à qui nous nous adressons.

La deuxième chose à faire est d'essayer de faire émerger le meilleur de nous-mêmes, notre fleur, afin de nous transformer. C'est la seule manière d'en témoigner. Lorsque nous serons emplis de fraîcheur et de gentillesse, l'autre personne le remarquera très vite. Ainsi, quand nous aurons l'occasion de l'approcher, nous pourrons venir vers elle comme une fleur, et elle remarquera immédiatement que nous avons fortement changé. Il est probable que nous n'aurons même rien à dire, et que le simple fait de nous voir ainsi permettra à l'autre personne de nous accepter et de nous pardonner. C'est alors par notre vie que nous nous exprimons, plus uniquement par nos mots.

La véritable transformation débute dès que nous commençons à voir que celui que nous percevons comme notre « ennemi » est en fait en souffrance. Dès que je peux toucher en moi l'espoir profond que l'autre personne cesse de souffrir, c'est mon véritable amour qui se manifeste. Mais c'est là que nous devons faire preuve de vigilance, car il nous arrivera parfois de penser que nous sommes plus forts qu'en réalité. Afin de vérifier la réalité de notre force intérieure, nous pouvons alors approcher l'autre personne, l'écouter et lui parler. Et nous découvrirons immédiatement si notre compassion est réelle ou non. Nous avons besoin de la réalité, d'être en présence de l'autre personne pour tester notre force. Si je me contentais de méditer sur un concept abstrait, comme la compréhension ou l'amour, je risquerais de rester bloqué dans l'imaginaire, sans accéder à la réelle compréhension ou à l'amour véritable.

Pour parvenir à faire la paix, nous devons donc abandonner toute vue dualiste et quitter notre tendance à toujours vouloir punir l'autre personne. Même si la réconciliation s'oppose à toute forme d'ambition, elle ne prend jamais aucun parti. Il nous faut pourtant reconnaître que nous cherchons souvent à prendre position dans les conflits, arbitrant entre le vrai et le faux, la plupart du temps sur la base de preuves insuffisantes ou de rumeurs. Nous pensons que l'indignation est nécessaire pour agir.

Or, même quand elle est légitime ou justifiée, elle ne suffira jamais. Notre monde ne manque pas de personnes motivées qui veulent se lancer dans l'action ! Pourtant, ce dont nous avons le plus besoin, c'est de personnes qui soient capables d'aimer sans prendre parti et qui puissent ainsi embrasser la pleine réalité de la vie.

Nous devons poursuivre notre pratique de pleine conscience et de réconciliation jusqu'à parvenir à percevoir le corps des enfants affamés comme étant le nôtre, jusqu'à ce que la douleur de toutes les espèces soit la nôtre. C'est alors que nous atteindrons la pleine dimension de la non-discrimination, l'amour véritable. Nous pourrons enfin regarder tous les êtres avec les yeux de la compassion et véritablement œuvrer à réduire la souffrance.

Qu'est-ce qui nous empêche d'être heureux ?

Si nous pratiquons, c'est parce que nous voulons réapprendre à marcher, à respirer, à nous asseoir – à faire en sorte que chacun de nos pas soit empreint de paix et de joie, tout au long de notre marche, à respirer de telle façon que paix, vie et compassion soient manifestes. Quand nous prenons notre petit déjeuner, nous mangeons de telle sorte que la liberté et la joie soient possibles tout au long du repas. C'est quelque chose que nous apprenons, une pratique à laquelle nous pouvons nous entraîner avec l'aide de la *Sangha*, parmi nos frères et sœurs de pratique. Une seule inspiration peut apporter beaucoup de plaisir, et certains parmi nous sont capables de respirer en pleine conscience, d'apprécier et de savourer le moment présent. *« J'inspire, je suis vivant, vivante ! »* C'est un instant de célébration de la vie qui est là pour nous. Nous savons que nous sommes en vie et que nous pouvons vivre pleinement, célébrer notre vie à chaque instant. *« J'inspire, je sais que je suis vivant(e) ; j'expire, je souris à la vie. »*

La pratique est simple et à la portée de tous. Nous pouvons tous inspirer et célébrer la vie avec cette inspiration. Et pourtant, il y a souvent quelque chose qui se met en travers de notre route. Lorsque nous marchons, chacun de nos pas peut nous aider à entrer en contact avec les merveilles de la vie, toutes disponibles pour nous. Nous savons que le printemps est là, le soleil brille, la vie est là et les fleurs nous sourient. En théorie, nous devrions donc tous être capables de toucher ces merveilles pour nous en nourrir, nous guérir. Mais il y a quelque chose qui bloque, qui nous empêche de nous sentir bien et d'être heureux. Nous avons perdu notre sourire.

Nous pourrons retrouver ce sourire si chacun de nos pas est profondément en contact avec la vie et ses merveilles. Chaque pas est alors une véritable célébration de la vie. Marchant ainsi, nous marchons en liberté – je suis libre de la souffrance, de la peur, du désespoir. Cette liberté est le fondement de notre bonheur. Avec chaque pas, nous marchons comme une personne libre. Libérés, nous pouvons être en contact avec les merveilles de la vie qui nourrissent et guérissent.

Mais alors, quel est donc cet obstacle, sur notre route, qui nous empêche de célébrer la vie à chacun de nos pas ? Nous devons le reconnaître tel qu'il est, et le nommer pour ce qu'il est, par son « vrai nom ». Qu'est-ce qui m'empêche de marcher, de respirer en pleine conscience, de prendre mon petit déjeuner dans la joie et le bonheur ? Nous savons pourtant très bien que l'instant présent est le seul moment où nous pouvons pleinement entrer en contact avec la vie. Le passé n'est plus là ; il ne contient plus la vie. Et le futur n'est pas encore là. Le passé n'est pas réel, pas plus que le futur. Seul le moment présent est réel. La pratique consiste donc à entrer en contact avec le moment présent, à nous rendre pleinement disponibles pour lui, à nous établir dans l'instant. C'est ainsi que nous pourrons toucher la vie et la vivre pleinement. Il nous suffit d'un seul pas, d'une seule respiration, d'une simple tasse de thé, d'un petit déjeuner ou d'un son de la cloche. Et tout cela nous ramène à l'instant présent, de façon à pouvoir vivre notre vie. Nous nous entraînons à marcher de telle manière que chaque pas, chaque inspiration, chaque expiration nous procure du bonheur, nous apporte la vie.

Transformer le passé dans l'instant présent

Il est possible que tout semble aller pour le mieux tant que nous sommes en retraite ou dans notre centre de pratique, que nous ne ressentions plus aucun problème ; et pourtant, nous savons que nous retrouverons tous nos soucis dès que nous serons de retour chez nous, peut-être une difficulté relationnelle avec une personne de notre entourage. Nous avons déjà rencontré de nombreuses difficultés par le passé, et nous pensons que cette autre personne est un réel problème, que c'est ce qui nous empêche de respirer ou de contempler les jonquilles ici, car nous songeons sans cesse au moment où il nous faudra rentrer et revoir cette personne. Nous ne sommes donc pas libres. Nous ne pouvons pas vraiment apprécier notre inspiration ni notre expiration car nous n'arrêtons pas d'y penser. Nous ne cessons de replonger dans notre passé alors que nous pourrions nous établir pleinement dans l'Ici et Maintenant. La vie n'est nulle part ailleurs qu'Ici et Maintenant…

Heureusement, nous avons la pratique ; nous ne devrions donc pas nous inquiéter du moment où nous reverrons cette autre personne. En examinant la situation en profondeur, nous verrons que nous avons la capacité de la gérer, en pratiquant la respiration consciente et en nous établissant dans le moment présent. Nous sommes tout à fait à même de faire face à toutes les situations. C'est un peu comme savoir utiliser le gaz pour cuisiner et l'électricité pour chauffer la maison. Si nous ne connaissons pas suffisamment ces deux énergies, le gaz et l'électricité peuvent nous tuer. Et pourtant nous en savons déjà bien assez, nos connaissances peuvent nous protéger de tout danger. Même si nous ne sommes ni expert ni électricien professionnel, nos connaissances sont suffisantes pour maîtriser l'électricité, et c'est bien pour cela que nous ne craignons pas de nous électrocuter. Même si nous connaissons les dangers du gaz et de l'électricité et que nous n'en ignorons pas les risques mortels, nous savons que ce n'est pas leur fonction première. Nous avons appris à les connaître, à les utiliser et à les maîtriser. Inutile donc de nous faire du souci, ils ne nous font pas peur. Bien au contraire ! Tous deux nous sont utiles ; le gaz nous aide à cuisiner, à préparer de bons plats, et l'électricité nous apporte une aide précieuse sous diverses formes à la maison.

C'est exactement pareil en ce qui concerne cette autre personne que nous redoutons. Elle non plus ne veut pas nous faire souffrir, bien sûr que non ! C'est notre propre incapacité à voir notre nature d'inter-être avec elle qui cause notre souffrance. Comme le gaz et l'électricité que nous devons connaître un minimum pour les utiliser sans danger, nous devons apprendre à comprendre l'autre personne. Ainsi, si nous comprenons suffisamment son mode de fonctionnement, il n'y a plus ni danger ni souffrance. Cette personne n'a aucune intention de nous faire souffrir ni de nous blesser. Sans doute s'agit-il plutôt de grandes difficultés et de souffrances qu'elle porte en elle et ne parvient pas à gérer. Elle ne sait simplement pas comment prendre soin d'elle-même. Elle souffre et nous fait souffrir à notre tour. Mais si nous en sommes conscients et connaissons un minimum le fonctionnement de l'autre personne, nous comprendrons de suite qu'il est inutile d'en souffrir.

Si elle dit quelque chose de particulièrement désagréable qui nous fait souffrir, c'est un peu comme si nous ouvrions le gaz. Nous connaissons sa nature et nous devons être vigilants, rien de plus. L'autre personne porte en elle certaines souffrances, et elle n'a pas encore appris comment s'y prendre pour pouvoir les traiter. Elle continue donc à en souffrir et à faire souffrir les autres. Mais si son entourage la connaît bien et sait comment l'aborder, il n'y aura plus lieu de souffrir à cause d'elle. Avec cette prise de conscience, nous pouvons même l'aider à diminuer sa propre souffrance.

Si elle nous regarde et s'exprime de façon violente, notre compréhension et notre compassion pourront nous en protéger. Nous savons parfaitement bien qu'elle est en souffrance et qu'elle ne sait pas comment s'y prendre. Elle a surtout besoin de compassion et d'aide. Si nous parvenons à comprendre et à percevoir cela, nous nous protégerons automatiquement, nous ne souffrirons plus de ce qu'elle dit ou fait. Nous pouvons alors nous sentir portés par le désir de faire quelque chose – non plus réagir, mais répondre de façon à pouvoir l'aider à moins souffrir. Là encore, la compréhension et la compassion nous protègent. Tout comme nous avons appris à connaître les caractéristiques du gaz et de l'électricité pour en éviter les dangers possibles, nous pouvons apprendre à connaître l'autre personne, reconnaissant sa souffrance et le fait qu'elle ne cherche pas à nous blesser. Elle souffre et nous devons l'aider.

Maintenant que nous avons acquis cette compréhension et développé notre compassion, nous pouvons être en toute confiance et tout simplement nous dire : « *Quand je reviendrai vers elle, j'adopterai cette attitude et je ne souffrirai plus. Je trouverai le moyen de l'aider à moins souffrir.* » Chacun de nous est suffisamment armé, doté de compassion et de compréhension, il n'y a plus rien à craindre. Nous sommes des humains libres, et c'est pour cela que le bonheur est possible dans l'instant présent. La fleur a conservé notre sourire, et nous pouvons nous le réapproprier immédiatement et en profiter pleinement.

Prenons un moment pour examiner en profondeur notre réalité du moment. Avons-nous un problème, là, maintenant ? Arrêtons-nous un instant et observons notre corps, nos sensations, nos perceptions. Avons-nous un problème particulier ? Si nous ne constatons aucun problème en ce moment, alors ne nous laissons pas envahir par nos fantômes du passé. Cessons de nous laisser détruire par les projections du futur ou du passé. Ce ne sont que des fantômes. C'est pour cela que nous nous entraînons à être toujours dans le moment présent. C'est notre pratique. C'est notre voie ; celle de la réconciliation.

8

Devenir un bodhisattva

Nombreux sont ceux qui, parmi nous, pratiquent la méditation assise pour échapper à la souffrance, parce que cette assise procure tranquillité et relaxation, en aidant aussi à laisser ce monde « de misère et de conflits » bien loin derrière… Certes, nous préférons éprouver de la joie et du bonheur, et nous nous asseyons dans l'espoir de moins souffrir. Mais, faisant cela, nous nous comportons comme un lapin qui se réfugie dans son terrier, sous terre, pour se sentir protégé. Nous nous asseyons tel un lapin dans son terrier qui ne veut plus être dérangé. Nous cherchons à laisser le monde loin derrière nous. Cette attitude indique simplement que nous souffrons trop et que nous aspirons à du répit, une sorte d'échappatoire. Mais ce n'est pas la véritable finalité de la méditation. Quand nous sommes assis comme un lapin, ce que nous cherchons en réalité, c'est à éviter la souffrance. Mais nous devrions plutôt recourir à notre intelligence et à notre concentration pour parvenir à la vision profonde, car ce n'est qu'ainsi que nous pourrons trouver les moyens de transformer notre souffrance intérieure et de devenir un Bouddha, un être éveillé, une personne libre.

Le bouddhisme aborde la notion des « trois mondes » : le monde du désir, le monde de la forme, et le monde de la non-forme. Nous avons tous la capacité de dépasser nos désirs et nos pulsions. Par la pratique, nous pouvons laisser le monde du désir derrière nous et accéder à la joie et au bonheur. C'est la toute première étape de la pratique. Nous constatons pourtant que, même après avoir quitté le domaine des désirs, le discours mental se poursuit. C'est pourquoi nous pratiquons l'arrêt, le retour au calme, afin de mettre un terme à ce discours interne. Le discours mental est constitué de deux éléments : *vitarka* et *vicara* – *vitarka* étant la pensée initiale et *vicara* la pensée récurrente, continue.

Nous ne pouvons pas nous arrêter de penser. Il y a un enregistrement audio en lecture permanente dans notre tête ; ce bruit est celui du discours mental qui tourne sans arrêt. Et c'est précisément pour apprendre à mettre un terme à ce discours intérieur que le Bouddha nous a enseigné le retour à l'observation de l'inspiration et de l'expiration. Demeurant simplement dans notre inspiration et dans notre expiration, nous pouvons apaiser le mental. En appréciant chaque inspiration et chaque expiration, nous sommes en mesure de stopper les pensées récurrentes. Et c'est là que nous trouverons notre stabilité. Nous pouvons donc simplement nous asseoir là et apprécier chacune de nos inspirations et expirations, savourer ce calme, l'absence de discours mental, et appréciant alors pleinement tous ces petits moments de joie et de bonheur qui nous sont offerts.

En revanche, nous ne pouvons pas en rester là car cela ne suffirait pas. Si nous ne pratiquons que cela, nous aurons sans doute quitté la communauté de pratique d'ici à trois ans. Et, hors de la communauté, de retour dans « le monde », nous verrons à quel point celui-ci est empli de souffrances. Il est même probable qu'au bout de trois mois ou d'une année nous ferons la demande de réintégrer la communauté. Et nous poursuivrons sans doute ce même schéma, continuant à pratiquer de la même façon : joie et bonheur émergeant du retour au calme, nés du simple fait de laisser tout derrière nous.

C'est une cloche de pleine conscience qui nous indique que nous devons aller davantage en profondeur. Si nous ne sommes pas heureux dans la pratique, nous imputerons notre malheur à autre chose. Nous disons que si nous ne sommes pas pleinement heureux, c'est à cause des conditions autour de nous, à l'extérieur ; que nous n'y sommes pour rien. C'est une difficulté que rencontrent toutes les communautés de pratique. À l'inverse, si nous connaissons ce problème, nous pourrons construire notre communauté de telle sorte que chacun puisse prendre conscience du fait que, s'il n'est pas heureux, c'est parce qu'il ne sait pas comment préserver son propre bonheur. Le problème est que, bien souvent, nous ne savons pas comment aller en profondeur pour transformer la douleur et l'anxiété, toute cette immense souffrance qui séjourne en permanence dans notre conscience du tréfonds.

Or, celle-ci provient généralement de notre enfance. Nous avons peut-être subi une certaine forme d'abus quand nous étions encore enfants. Il se peut aussi que notre souffrance soit celle de notre père ou de notre mère ; ils ont peut-être connu la maltraitance durant l'enfance et, maintenant, leur souffrance est devenue la nôtre. Même si nous n'avons qu'une très vague perception de notre blessure, nous devons pratiquer pour entrer en contact avec elle, de façon à pouvoir utiliser notre vision profonde et la reconnaître. Et s'il nous faut souffrir, alors nous pouvons nous encourager : « *J'accepte de souffrir, parce que je sais qu'en ressentant la douleur de cette façon je pourrai apprendre et, ensuite, obtenir de bonnes choses.* » C'est un peu comme si nous mangions du melon amer. Puisque nous savons qu'il peut nous soigner, nous ne craignons pas du tout d'en consommer.

Si votre souffrance émerge, il est donc essentiel que vous restiez là où vous êtes pour simplement l'accueillir, qu'il s'agisse de votre colère, de votre frustration, ou de votre ardent désir d'obtenir quelque chose que vous n'avez pas. Et même si ce bloc de souffrance n'a pas de nom, que vous ne pouvez pas encore le nommer, c'est toujours de la souffrance. Soyez alors prêt à simplement lui dire bonjour, à l'accueillir et l'embrasser tendrement. Apprenons à apprivoiser notre douleur et à vivre pleinement avec elle.

Dès le moment où je peux accepter totalement ma blessure et où je suis prêt à la sentir, elle ne pourra plus m'affecter. Je sentirai que je suis tout à fait capable d'apprivoiser ma souffrance et de vivre avec elle, parce que son effort est bénéfique et, comme le melon amer, elle peut même me guérir. Permettons donc à la souffrance d'être en nous. Acceptons-la totalement, sentons-nous prêts à souffrir un petit peu pour apprendre ce qu'elle peut nous enseigner. À l'inverse, si nous n'accueillons pas cette souffrance et ne lui offrons pas notre tendresse, nous ne saurons pas de quoi il s'agit. Et nous ne saurons pas qu'elle peut nous apprendre tant de choses et même nous apporter joie et bonheur. Sans souffrance, sans compréhension de cette souffrance, le véritable bonheur est impossible.

La fin du malentendu

Pendant la guerre du Vietnam, des millions de personnes croyaient que j'étais un communiste tandis que, pour d'autres, j'étais un agent de la CIA. Si vous étiez dans une situation analogue, vous en souffririez peut-être terriblement. Vous pourriez vous sentir victime d'incompréhension et d'injustice. Vous pourriez vous dire que votre souffrance ne cessera jamais tant que les gens continueront à penser que vous êtes un communiste ou un agent de la CIA. Mais vous pourriez aussi décider d'agir, faire quelque chose d'autre : simplement décider d'accepter la situation telle qu'elle est. Oui, il y a effectivement des millions de personnes qui croient que vous êtes communiste et il y en a des millions d'autres qui croient que vous soutenez la CIA. Mais c'est uniquement leur manière de voir les choses. Je ne suis ni un communiste ni un agent de la CIA ; je n'ai donc aucune raison de souffrir. Ce n'est qu'en vivant ma vie, par mes actions, par mes paroles, que je pourrai me prouver à moi-même que ma cause est tout à fait juste ; c'est la cause de la paix et de la réconciliation. Si nous parvenons à faire cela, alors ce type de souffrance ne nous affectera plus du tout.

La souffrance est faite de malentendus, de colère, de haine et d'ignorance. Et si je compte sur les autres pour dissiper ce genre de causes à ma place, je pourrai peut-être attendre une éternité. Nous devons donc élargir notre perception, et utiliser notre concentration et notre vision profonde pour discerner à quel point les personnes autour de nous souffrent en raison de leur façon de penser, de leur manière d'agir ou de parler. Or, si nous souffrons comme elles, nous n'aurons pas non plus les moyens de les aider. Il nous appartient donc d'y œuvrer, afin de transformer notre souffrance et de donner à notre compréhension et à notre compassion toutes les chances d'émerger. Par la suite, nous pourrons ainsi aider ces personnes. Si nous adoptons ce type d'attitude, cette forme de compréhension, nous ne souffrirons plus car nous disposons de bons outils, ceux de la compréhension et de la compassion. Et ce n'est qu'avec la pratique que nous pouvons les développer.

Ces difficultés et ces injustices ont existé de tout temps ; le Bouddha lui-même a dû les traverser. Un jour, des malfrats tuèrent une danseuse et enterrèrent son corps dans les terres du monastère, avant de prévenir la police. Celle-ci arriva sur les lieux et, après avoir découvert le corps, elle commença à répandre la rumeur selon laquelle le Bouddha et les moines avaient eu des relations sexuelles avec la danseuse, avant de la tuer et de l'enterrer. Le lendemain matin, quand les moines revêtirent leur robe, prirent leur bol et partirent en ville faire l'aumône, on les regarda avec ce type de regard qu'il est si difficile de soutenir – un regard empli de suspicion et de mépris. Ils ont dû subir cela des jours et des jours.

Les moines allèrent alors trouver le Bouddha : « Cher Maître, nous n'en pouvons plus. Chaque fois que nous allons en ville, les gens nous regardent avec des yeux méprisants. Nous souffrons énormément. » Alors le Bouddha leur répondit : « La chose essentielle est que vous n'ayez pas commis ces actes, que vous n'ayez pas fait ce dont ces personnes vous accusent. Vous savez très bien que vous avez respecté vos préceptes.

« Voilà donc notre pratique. Un jour, le malentendu pourra se dissiper, simplement par la façon dont vous vivez votre vie, à travers la manière dont vous pratiquez. Le monde regorge d'exemples comme celui-là mais, si vous cultivez la compréhension et la compassion, vous n'avez pas à en souffrir. Partout, nous pouvons rencontrer des groupes de personnes jalouses, qui font tout ce qu'elles peuvent pour éclabousser notre réputation. En fait, ces personnes doivent souffrir terriblement de leur propre jalousie pour en venir à faire de telles choses. Nous devons donc les considérer avec beaucoup de compassion. Grâce à votre pratique, vous serez un jour à même de les aider à s'éveiller, et vous parviendrez à voir que ce qu'elles ont fait n'est pas digne de personnes qui marchent sur le chemin spirituel. » C'est grâce à cet enseignement du Bouddha que les *bhikshus*, les moines, cessèrent enfin de souffrir de cette situation.

La communauté du Bouddha avait tout de même souffert près d'un mois de cet incident, mais, quelques semaines plus tard, le pratiquant laïc Anathapindika, étudiant et fervent défenseur du Bouddha, engagea des détectives privés. Et ceux-ci parvinrent à démasquer les auteurs du crime.

En réalité, votre degré de souffrance dépend entièrement de vous. Que vous souffriez un peu, beaucoup ou pas du tout, cela dépend totalement de votre capacité à regarder profondément, de votre aptitude ou non à faire preuve de compréhension et de compassion. S'il vous faut souffrir un peu, autorisez-vous à souffrir. Enveloppez votre souffrance de toute votre tendresse, ressentez-la de tout votre cœur et regardez en profondeur afin de générer concentration et vision profonde. Vous développerez ainsi les moyens de générer la compassion et la compréhension, mettant alors fin à vos sentiments de colère ou de haine envers les personnes qui tentent de vous faire souffrir. Ensuite, faites aussi le vœu de cultiver votre pratique et de vivre de telle sorte que vous puissiez leur venir en aide plus tard.

Si votre souffrance vous a été transmise par votre père ou votre mère, ne blâmez ni votre papa, ni votre maman. Dites-vous simplement qu'ils n'ont pas eu la chance de rencontrer le Dharma et la pratique, et c'est pour cela que cette souffrance est parvenue jusqu'à vous. Mais vous pouvez agir pour vous et pour eux car, si vous savez comment pratiquer, vous aiderez votre papa en vous et votre maman en vous. Vous êtes prêt à souffrir pour lui, pour elle. Et, dans ce cas, la douleur n'est pas du tout négative car vous souffrez dans le but de trouver une solution, une issue. Permettez-vous donc d'avoir un petit peu mal. Ne cherchez pas à fuir la souffrance car elle n'est pas uniquement négative. Dites-vous qu'il y a beaucoup d'enfants qui détestent le melon amer au début et qui, à l'âge adulte, s'en délectent !

Les situations les plus difficiles à vivre sont celles où nous reconnaissons la présence de la souffrance, mais sans parvenir à en identifier la nature. Cela reste quelque chose de très vague ; impossible de l'appeler par son « vrai nom ». La souffrance est bel et bien présente en nous, mais il nous est impossible de l'éclairer suffisamment de notre pleine conscience afin de la reconnaître clairement. Tout cela provient de nos blocages, des résistances que nous portons en nous et de notre tendance à toujours la fuir, au lieu de revenir à nous et de la reconnaître. Comme nous l'avons déjà évoqué, c'est notre tendance habituelle. Chaque fois que nous sommes sur le point de toucher la souffrance, nous refusons de la contacter et nous préférons prendre la fuite. Cela fait si longtemps que nous agissons ainsi que jamais nous n'avons encore eu l'occasion de rencontrer cette souffrance, de la reconnaître et de l'identifier. Désormais, nous pouvons nous faire la promesse d'agir différemment. Nous nous engageons à ne plus la fuir. Nous pouvons alors faire le vœu que, chaque fois qu'elle se manifestera, nous pratiquerons l'arrêt et nous l'accueillerons avec un sourire. Et, puisque tous les blocs de souffrance tentent toujours de s'exprimer à un moment ou à un autre, nous aurons tous l'opportunité de les identifier, plus tard, grâce à l'observation et à notre pleine conscience. Il n'est en effet absolument pas nécessaire de retourner vers le passé pour rencontrer notre souffrance et la reconnaître. Il suffit de simplement rester dans le moment présent, avec vigilance, en pleine conscience, et elle se manifestera d'une manière ou d'une autre. Et quand nous reconnaîtrons les signes de sa manifestation, nous serons en mesure d'en identifier la nature.

La pratique de la méditation bouddhique est centrée sur le moment présent. Nous n'avons pas besoin de retourner dans le passé, dans notre enfance, pour rencontrer notre souffrance et ses causes profondes. Il nous suffit de rester entièrement ancré dans l'instant présent et d'observer ce qui s'y passe. Cette souffrance, dont les racines sont profondément enfouies dans le passé, voire dans des vies antérieures, finira toujours par se manifester à nous. En fait, elle est présente toute la journée, et sa simple manifestation suffit à l'identifier.

« Homo conscious »

Le Bouddha est l'un des plus beaux exemples de l'espèce humaine que nous appelons *Homo conscious*. Il y eut d'abord *Homo erectus* (l'homme debout), ensuite

Homo habilis (l'homme adroit), puis *Homo sapiens* (l'homme pensant). Maintenant, nous avons l'expression *Homo conscious*, l'être humain qui est conscient, éveillé. Cette expression a été utilisée par d'autres personnes avant moi ; je n'en suis pas l'auteur et je ne fais que la leur emprunter.

Lorsque la conscience amène l'humain à faire ce grand constat : *« Un jour, je tomberai malade... je vais vieillir... je vais mourir... »*, il peut facilement sombrer dans les affres de l'anxiété, de la peur et de l'angoisse ; et c'est alors qu'il sera susceptible de tomber malade. Souvent, nous nous interrogeons : *« Les autres espèces sont-elles moins conscientes que nous ? », « Souffrent-elles moins de savoir ce qu'elles deviendront à l'avenir ? »...* Comme tous les humains portent cette angoisse en eux, nous nous posons alors ces questions métaphysiques : *« Qui suis-je ? », « Que vais-je devenir ? », « Est-ce que j'existais déjà dans le passé ? », « Et si c'est le cas, à quelle espèce d'animal ai-je appartenu ? », « Est-ce que j'existerai encore dans le futur ? », « Si oui, quelle espèce animale serai-je ? »...* Toutes ces questions trouvent leur origine dans cette angoisse typiquement humaine et peuvent engendrer mal-être et maladies. Et c'est encore cette même angoisse qui génère nos habituelles questions : *« Est-ce que mes parents me désiraient vraiment ? », « Est-ce que je suis né(e) par accident ? », « Y a-t-il quelqu'un qui m'aime ? »* et les innombrables pensées qui en découlent.

C'est précisément notre capacité à être éveillé qui peut nous sauver – notre nature même d'être humain, doté d'une conscience. C'est en effet grâce à elle que nous percevons combien l'environnement de cette planète appartient à toutes les espèces, que nous comprenons que l'être humain est en train de la détruire.

Dès que les hommes sont conscients de la souffrance engendrée par l'oppression politique et par l'injustice dans la société, ils sont en mesure d'arrêter ce qu'ils sont en train de faire et d'aider les autres à s'arrêter à leur tour pour amorcer une nouvelle direction, une orientation différente, qui ne détruira plus notre planète. Il est vrai que c'est notre conscience qui révèle notre anxiété et notre angoisse. Mais si nous savons comment utiliser cet éveil, cette pleine conscience, nous parviendrons à discerner la situation dans laquelle nous nous trouvons. Nous percevrons alors clairement ce qu'il est bon ou non de faire afin de transformer la souffrance, et ainsi de faire place à la paix, au bonheur et à l'avenir.

La méditation assise n'a rien à voir avec une quelconque recherche d'illumination dans le futur. Au contraire, quand nous sommes assis, nous avons la possibilité d'être totalement avec nous-mêmes. Bien présents, sur notre coussin, nous respirons de façon à être pleinement vivants ; nous sommes complètement dans le présent, dans l'Ici et Maintenant. Avoir le temps de nous asseoir, avoir le temps de marcher, de nous brosser les dents, d'apprécier l'eau qui coule sur nos mains quand nous en rinçons le savon – tout cela peut déjà nous apporter beaucoup de bonheur.

Quand nous prenons un repas, nous devrions manger de manière à ce que la joie, la détente et le bonheur soient disponibles, car partager un repas à plusieurs est une véritable pratique profonde. Tout comme nous le faisons avec la respiration, l'assise, la marche et le travail, nous mangeons de telle sorte que nos ancêtres puissent manger avec nous. Notre père mange avec nous, notre grand-père et notre grand-mère mangent à nos côtés. Nous nous asseyons confortablement, comme quelqu'un qui n'a aucun problème, aucune angoisse. Le Bouddha nous a enseigné à ne jamais nous laisser emporter par des pensées ou des conversations futiles au cours des repas. Nous devrions simplement demeurer dans l'instant présent pour être profondément en contact avec la nourriture et avec nos bien-aimés qui nous entourent. Nous devrions toujours manger de façon à être heureux, à l'aise, et en paix, afin que chacun de nos ancêtres et de nos descendants puisse en profiter également.

Lorsque j'avais quatre ou cinq ans, ma mère avait pour habitude de me rapporter un gâteau à base de pâte de haricots chaque fois qu'elle se rendait au marché. Ainsi, durant son absence, je restais au jardin, m'amusant avec les escargots et les cailloux. Et quand maman rentrait, j'étais toujours très heureux de la voir ; je prenais le gâteau qu'elle me tendait et j'allais le déguster au jardin. Je savais que je ne devais pas le manger à toute vitesse. Je voulais le savourer lentement – plus c'est lent, plus c'est bon ! Je me contentais de grignoter un petit morceau du bord pour laisser pénétrer la saveur du gâteau dans ma bouche, puis je levais les yeux vers le haut, vers le ciel bleu. Ensuite, je redescendais mon regard vers le bas, vers mon chien. Puis je regardais le chat. J'avais mon rituel, c'est comme cela que je voulais savourer mon gâteau, et ce bonheur se prolongeait facilement une demi-heure. Je n'avais aucun souci. Je ne pensais ni à la gloire, ni aux honneurs, ni au profit. C'est pour cela que ce gâteau de mon enfance est un souvenir merveilleux, profondément ancré dans ma mémoire. Nous avons déjà tous connu de tels instants, sans aucune attente, des moments pleins en eux-mêmes, où nous ne regrettons rien. Ce sont des instants de réel bonheur, où nous ne nous embarrassons d'aucune question philosophique du type : « *Qui suis-je ?* » Mais, aujourd'hui, qui est véritablement capable de manger un gâteau de cette façon, de boire une tasse de thé avec une telle présence et d'apprécier pleinement son environnement ?

Nous pouvons redécouvrir tout cela ! Renaître et réapprendre à marcher, avec stabilité, comme une personne libre, sans « fantômes » à notre poursuite. Nous sommes ici pour apprendre à nous asseoir ; à nous asseoir confortablement, comme si nous étions sur une fleur de lotus, et non sur des charbons ardents, ce qui est souvent le cas dans notre société. Assis sur des charbons ardents, nous perdons notre sérénité. Nous pouvons décider, aujourd'hui, de réapprendre à respirer, à sourire, à cuisiner. Notre maman nous a appris à manger, à boire ; elle nous a montré comment nous tenir debout, comment marcher, comment parler, elle nous a tout appris ! Et maintenant, nous devons réapprendre tout. Et si nous parvenons à poser tous ces actes en pleine conscience, nous renaîtrons à la lumière de l'éveil.

« Bodhicitta »

La *Bodhicitta* est l'esprit d'éveil, l'*esprit de débutant*. Si je suis inspiré par le désir de pratiquer et de transformer ma souffrance, je suis vraiment en mesure d'aider les nombreuses personnes qui souffrent autour de moi. À ce moment-là, l'esprit est particulièrement beau ; c'est précisément l'esprit d'un bodhisattva, l'esprit de celui qui s'est libéré de la souffrance et qui peut alors venir en aide à tous les êtres. C'est ce qui est parfois nommé « esprit d'amour » ; l'amour étant ce qui nous pousse à pratiquer. Nous ne cherchons pas uniquement à fuir la souffrance ; nous voulons autre chose, nous voyons bien plus loin que cela. Notre désir profond est de transformer notre propre souffrance et de nous en libérer afin d'aider de nombreuses autres personnes à transformer la leur. En tant que moines, moniales ou pratiquants laïcs, nous devrions tous veiller à garder cet état d'esprit de débutant à tout moment, bien présent, bien vivant, car c'est une puissante source d'énergie. Elle pourra nous nourrir et, grâce à elle, nous pourrons pratiquer au mieux les entraînements à la pleine conscience. Nous trouverons alors l'énergie nécessaire pour affronter et surmonter les difficultés rencontrées dans notre vie de pratiquant. Il est vraiment essentiel de pouvoir nourrir l'esprit d'amour, de préserver l'esprit de débutant et d'alimenter notre *Bodhicitta*. Entretenons donc notre pratique et veillons à ne pas laisser mourir cette énergie au bout de deux ou trois années.

Personnellement, j'ai eu le bonheur de pouvoir maintenir vivant mon esprit de débutant jusqu'à aujourd'hui – et cela ne veut pas dire pour autant que je n'ai pas rencontré de difficultés. Au contraire, j'ai dû dépasser de nombreux obstacles sur mon chemin de pratique. Mais jamais je n'ai abandonné, et ce, grâce à la *Bodhicitta*, mon esprit de débutant, toujours très puissant. Cultivez la confiance en votre pratique, car tant que cet esprit demeure en vous, tant qu'il est suffisamment puissant, vous n'aurez pas à vous inquiéter. Quelles que soient les difficultés que vous rencontrerez sur votre chemin, vous serez en mesure de les surmonter, aussi nombreuses soient-elles. Et quand vous le sentirez faiblir, soyez bien conscients que tout danger peut arriver. Dans ces moments-là, veillez à ne pas le laisser faiblir davantage. Entretenez-le, restez un bodhisattva votre vie entière et vous pourrez apporter beaucoup de bonheur autour de vous et dans le monde. Vous serez une personne pleinement heureuse.

Deuxième partie

Récits de guérison

Les petits yeux

Récit de Lillian Alnev

Le simple fait de dire qu'il y a en moi une longue mémoire d'expériences traumatisantes me pousse encore à me faire toute petite, tant j'en ressens de la honte. Je peux même en dresser la liste « physique », sur papier, mais elle me fait honte elle aussi. Elle est bien trop longue et horrible pour paraître réelle ; et, en même temps, tout ce qui y figure semble pourtant bien dérisoire… Il paraît qu'il s'agit de la « culpabilité du survivant ». J'ai l'impression qu'il me faudrait une éternité pour éradiquer toutes ces parts de moi qui ne cessent de comparer et juger.

Si les crimes dont j'ai été victime avaient été dénoncés, certains de leurs auteurs auraient pu être condamnés. Et j'ai moi-même été témoin de nombreuses offenses commises à l'encontre d'autres personnes. Mais, concrètement, l'événement le plus déchirant de mon enfance n'est en fait pas considérable. Et pourtant, il représente le meilleur exemple illustrant à quel point la pratique m'a permis d'amorcer une guérison.

J'ai grandi dans un environnement particulièrement

exposé aux intempéries, tout ce qui était à découvert rouillait particulièrement vite. En revanche, le bassin des Grands Lacs où nous vivions était magnifique en toute saison et, pour l'enfant que j'étais et qui aimait tant créer de ses mains, les variations extrêmes de la météo transformaient chaque espace en une magnifique boîte aux trésors, regorgeant de merveilles artistiques et naturelles : bois, roches, pigments et autres décors.

C'est ainsi que je passais tout mon temps libre à l'extérieur, à construire mon village miniature personnel, parfaitement exempt d'écoles, de magasins de vins et spiritueux, sans églises ni prisons… Je me bâtissais mon petit monde utopique dont l'accès était interdit à toute personne qui me faisait du tort. Je bâtissais des maisons de brindilles aux toits de chaume et des logements en pierres, garnis de bardeaux. Je nivelais les routes dans les dépôts glaciaires et construisais des barrages pour contenir l'eau de pluie et former lac et canaux. De maisons en immeubles, c'est toute une ville qui s'édifiait. J'avais même créé une ferme à l'aide des radis et carottes géants dont j'avais chipé les graines dans le potager familial.

Ensuite, ce fut au tour de mes jouets, dinosaures et animaux de ferme préférés, d'emménager dans les maisons, constituant ainsi une communauté à part entière. Œuvrant au fil des saisons à mon tout petit projet de génie civil, j'ai peu à peu développé l'illusion sensorielle de voir le monde entier du haut de quelques dizaines de centimètres. Mes « petits yeux » m'enchantaient ; je sentais même qu'ils me protégeaient.

Un dimanche matin, en plein cœur de l'hiver, je me

suis réveillée très tôt. Sans attendre, j'ai enfilé mes vêtements, tout excitée de voir ma ville recouverte par la neige toute fraîche. Lorsque je suis arrivée à hauteur du coupe-vent en genévrier qui protégeait la porte arrière de notre maison, j'ai repéré de petites empreintes de pas sombres dans la neige. Deux traces devant notre entrée principale, dirigées précisément dans la direction de mon village.

De toute évidence, il s'agissait de chaussures à la semelle dure, et non des habituels sabots en caoutchouc que nous portions tous durant l'hiver. Mes toutes premières pensées ont été pour la personne qui portait ce type de chaussures ; je la plaignais presque, songeant aux difficultés qu'elle devait avoir en marchant dans la neige avec de simples chaussures d'école. Et ce n'est qu'après un moment que j'ai réalisé ce que ces traces signifiaient… Je me souviens précisément qu'il n'y avait pas d'issue à ce sentier. Le visiteur, mon village, mes animaux, tout semblait s'être volatilisé dans les airs. Ç'est alors que je me suis précipitée vers la maison, en courant et hurlant, accusant mon père d'avoir détruit tout mon petit monde, comme s'il voulait m'infliger une étrange punition que je ne comprenais pas.

J'ai encore aujourd'hui du mal à comprendre ce qui s'est réellement passé. J'avais déjà connu des actes de violence et de cruauté avant cet événement, mais jamais on ne m'avait volé quelque chose. Et là, quelqu'un avait pris mes animaux, mon travail et, avec eux, mes « petits yeux »… Dès ce moment, j'ai commencé à me méfier de tout. Mes créations sont devenues étranges et de plus en plus rares.

Aujourd'hui, je me dis que j'ai de la chance d'être en vie. Et j'éprouve beaucoup de gratitude d'avoir une pratique spirituelle. Je peux méditer en communauté parce que l'invitation à « tuer le Bouddha si jamais nous le croisions sur la route » me rassure. Je me sens rassurée par cette exhortation du maître Linji[1] car elle me rappelle combien questionner les apparences est essentiel à ma survie.

Je me souviens que lorsque mes amis de la *sangha* ont décidé d'organiser une retraite pour les personnes qui avaient souffert de traumatismes ou d'abus durant l'enfance, et qu'ils l'ont intitulée « Guérir l'enfant intérieur », j'ai senti combien ma part extrêmement critique fulminait de rage. Ma rebelle intérieure s'insurgeait, réactivée par l'industrie du développement personnel axé sur l'*« aide intérieure » : ma personne mince intérieure, mon génie intérieur, mon chef cuisinier intérieur...* Mais, en réalité, j'étais terrorisée. Je me suis pourtant inscrite à cette retraite... et j'ai participé activement aux exercices proposés. Je suis même parvenue à commencer une lettre adressée à mon moi enfant. *« Coucou, toi. Je sais que tu n'aimes pas ton nom. Alors, comment dois-je t'appeler ? »* C'est ainsi que ma lettre démarrait. J'ai pu écrire longtemps, mais je n'étais pas bien loin dans mon écriture quand j'ai remarqué que la voix changeait ; en fait, c'est l'enfant qui m'écrivait... et tout ce que j'ai pu faire à ce moment a été de pleurer à chaudes larmes. Quand je suis parvenue à m'apaiser et à écouter cette enfant, j'ai pu aller à l'extérieur et faire ce qu'elle me demandait de réaliser.

1. Cette citation, attribuée au maître zen Linji, signifie que nous devrions tuer notre *idée* préconçue concernant une personne ou une chose, afin d'entrer directement dans la réalité de cette autre personne ou de cette chose.

Je me suis alors rendue le long du cours d'eau, et je me suis mise à ramasser des pierres, celles qui étaient lisses, douces et fraîches au toucher. J'aimais la sensation qu'elles laissaient dans ma main et j'ai commencé à les disposer sur le sable. Un peu plus tard, quand la cloche nous invitant au repas du soir a interrompu ma concentration, j'ai débarrassé mes mains de leur sable et des gravillons, et je me suis levée pour contempler ce que j'avais réalisé. Une petite table de pierres était dressée avec deux assiettes elles aussi en pierres, empilées grâce à quelques graines provenant d'une plante sur les berges du fleuve. Et, de part et d'autre de la table, toujours en pierres, deux chaises disposées de façon à profiter pleinement de la magnifique vue sur l'eau.

Dès l'aube, je me suis à nouveau rendue jusqu'au fleuve. Tout le décor de la salle à manger était toujours là et, dans le sable humide, je pouvais distinguer de petites empreintes ; des daims, des oiseaux et plusieurs petits mammifères avaient contourné ma table, avec grande précaution. En revanche, les graines avaient disparu.

Quand je suis retournée au même endroit un peu plus tard dans la journée, j'ai remarqué que l'eau froide avait changé sa trajectoire. La berge grise paraissait totalement nouvelle, douce et vide. Cette fois, je savais que rien ne pourrait m'être volé. Et tandis que je regagnais le *zendo*, j'ai remarqué que je parvenais à voir les détails très distinctement jusqu'à environ trente centimètres au-dessus du niveau du sol. Je commençais enfin à entrer dans mon chagrin ; mes « petits yeux » étaient de retour.

Que puis-je faire pour t'aider ?

Récit de Joanne Friday

À l'époque, cela faisait près d'un an que ma mère était extrêmement malade. Hospitalisée à huit reprises au cours de sa maladie, elle ne pouvait plus vivre chez elle et séjournait dans un centre de santé adapté. Quant à mon père, vétéran de la Seconde Guerre mondiale, il avait toujours excellé dans le contrôle de son environnement, étant très doué pour créer les conditions où rien de négatif ne puisse arriver. C'est une personne particulièrement méticuleuse ; pour lui, il est essentiel que tout soit en ordre, sous contrôle. Il a toujours fait un excellent travail pour prendre soin de tout, et il a été remarquable avec ma mère. Mais à l'époque que je relate, ma mère était mourante et on ne pouvait rien y changer. Cette situation était donc extrêmement douloureuse pour lui. Quand les choses échappent à son contrôle, il essaie encore plus fortement de les maîtriser ; il devient alors impatient, irrité, et sa colère est très perceptible. C'est simplement son énergie d'habitude.

Un jour, comme je l'accompagnais dans une de ces

cliniques pour rendre visite à maman, il s'est énervé, très en colère contre elle. Il se montrait de plus en plus impatient vis-à-vis de maman. Moi, j'étais assise à côté de lui, et je sentais bien que la rage montait en moi. Habituellement, j'aurais réagi en lui disant : « Tais-toi, elle ne peut pas faire autrement. » Mais au lieu de continuer comme par le passé, je me suis arrêtée à temps et j'ai simplement respiré. Je sentais que je devais quitter la chambre. Je savais que si je disais ou faisais quoi que ce soit d'autre, je ne ferais qu'aggraver la situation ; je créerais encore plus de souffrance, tant pour moi que pour eux deux. Je me suis donc contentée de dire : « Je vais marcher un peu. » Je suis allée dans le parking de la clinique pour pratiquer la marche méditative.

J'ai repris contact avec ma respiration et, après quelques minutes, j'ai senti le calme revenir. J'ai ainsi pu inviter la colère à remonter en moi. J'ai respiré avec elle et j'ai regardé profondément pour essayer de mieux la comprendre. Les émotions m'ont immédiatement ramenée au passé. J'ai compris que ma réaction violente vis-à-vis de mon père était en fait celle de la petite fille de trois ans que j'avais été, quand mon père reportait cette même colère sur moi, toute cette impatience qu'il montrait aujourd'hui. Et c'était précisément cette petite fille de trois ans qui, aujourd'hui, se manifestait avec une aussi forte réaction.

Voyant cela, j'ai pu prendre grand soin de la petite fille de trois ans. Je l'ai prise avec tendresse dans les bras et je lui ai dit ce qu'elle souhaitait entendre. Je l'ai rassurée sur le fait que la colère et l'impatience de son papa n'avaient rien à voir avec elle. Je lui ai expliqué qu'elle n'avait encore jamais appris comment se protéger de la colère de papa et éviter de la prendre pour elle, alors que cette rage était en fait uniquement liée à sa souffrance à lui. Cela n'avait rien à voir avec elle personnellement, car il aurait réagi exactement de la même manière avec qui que ce soit d'autre. Grâce à cette nouvelle compréhension, je me suis sentie emplie de compassion, tant pour moi-même que pour mon père. Je vivais là une mise en pratique très concrète de l'enseignement de Thây : la pleine conscience génère la concentration ; et celle-ci mène à la vision profonde ; la vision profonde permet la compréhension, dont peut alors émerger la compassion.

Pour la plupart, nous avons eu l'habitude de fuir nos sensations toute notre vie, de nous éloigner le plus loin possible de ces émotions qui nous font si peur. L'expérience de cette pratique varie selon les personnes. Mais le simple fait de nous arrêter, de respirer et d'accueillir ce qui se manifeste en nous permet déjà d'initier le processus de transformation, tout en déployant notre capacité à ne plus céder à la peur. Dans mon cas, la colère m'a ramenée à l'âge de trois ans, à cette petite fille que j'ai été et qui a vécu la même expérience que celle que je ressentais à présent. Quand j'ai touché cela, j'ai immédiatement compris que quelque chose en moi avait pu se transformer. Je savais que je pouvais sans problème retourner dans la chambre auprès de ma mère et de mon père.

En quittant la chambre quelque temps auparavant, je percevais mon père comme un ogre. Mais à présent, retournant aux côtés de mes parents, jetant un regard à papa, je ne distinguais plus que sa souffrance. Elle était si intense que c'en était presque trop pour moi. Je percevais à quel point il avait peur et, en moi, seul subsistait un immense élan de compassion envers lui. Il n'y avait plus rien d'autre que de la compassion, et une seule chose à lui dire : « Je suis désolée que tu doives traverser tout cela papa. Dis-moi ce que je peux faire pour t'aider. »

Ce qui m'apparut clairement aussi, c'est que tant que je restais coincée dans ma propre souffrance, il était tout à fait impossible que je voie celle des autres. Je ne pouvais pas avoir une vision claire de la situation ; je pouvais juste voir ma propre souffrance. Si je n'avais pas pu m'arrêter et prendre soin de mes si vives émotions, je me serais sentie parfaitement satisfaite de ma réaction, et me serais sans doute dit que j'agissais tout à fait comme une « bonne fille » doit le faire envers sa mère, convaincue que je me préoccupais vraiment d'elle. Je me serais persuadée que je faisais tout pour prendre soin d'elle au mieux, et ma façon de le faire aurait probablement été de dire à mon père de se taire. Si j'avais agi ainsi, c'est le père vivant en moi qui se serait exprimé, réagissant par les critiques et les jugements. Lui-même s'en serait senti encore plus jugé et critiqué, ce qui l'aurait sans doute poussé à être encore pire avec ma mère. En fait, j'aurais créé la situation précise que je cherchais à éviter.

Je pratique depuis suffisamment de temps pour savoir quels mots utiliser et de quelle façon les prononcer. J'aurais sans doute pu avoir la bonne réaction tout de suite et éviter de critiquer mon père, sans avoir besoin de quitter la chambre. Mais il est probable aussi que j'aurais gardé un fond de rage en moi et que, si je m'étais exprimée par ces mêmes mots sans quitter la pièce un moment, la façon dont je les aurais prononcés m'aurait trahie. Mon père aurait sans doute perçu du jugement ou de la critique dans le ton de ma voix, sur l'expression de mon visage ou dans ma gestuelle.

C'est grâce à cette expérience que j'ai découvert combien les paroles conscientes sont loin d'être limitées au simple choix des bons mots, mais qu'il s'agit surtout de transformer les mauvaises intentions au creux de mon cœur. Si j'utilise la vision profonde et parviens jusqu'au lieu de compréhension en moi, j'éprouverai de la compassion, tant pour moi que pour la personne avec qui je suis en difficulté. Dès que la souffrance de mon cœur est transformée, les émotions qui subsistent sont la compréhension et l'amour, pour l'un et l'autre. Alors, peu importe finalement les mots que je prononcerai car la personne à qui je m'adresserai ressentira l'amour, uniquement l'amour. Les personnes savent quand elles sont aimées et elles savent aussi quand elles ne le sont pas.

Avec l'expérience, j'ai également pu observer que la pratique régulière atténue l'intensité des émotions désagréables qui m'habitent, même si je perçois toujours bien la présence de toutes mes fortes émotions. À présent, je peux dire : *« Bonjour ma petite colère, mon amie, te voilà de retour »*, et ensuite l'émotion disparaît. Quand je prends bien soin de l'enfant blessée en moi, les émotions sont sans doute encore là, mais ma relation à elles est complètement différente ; mes perceptions du monde et des relations que j'entretiens avec les autres sont tout à fait transformées, elles aussi. C'est le miracle de la pleine conscience !

Le véritable moi

Récit de Glen Schneider

Je me souviens d'un après-midi où je repensais à une amitié qui comptait beaucoup pour moi mais qui avait littéralement volé en éclats, se soldant par un cuisant échec. Je songeais à la douleur de cette rupture, me demandant si je n'allais pas reprendre contact avec cette personne afin de voir s'il y avait une possibilité d'arranger les choses, et de nous réconcilier. Et tandis que je me préparais mentalement à ce qu'elle pourrait dire et à ce que je répondrais à mon tour, je sentis un horrible nœud à l'estomac, quelque chose de l'ordre du rejet. Je me dis que c'était l'après-midi, que j'avais du temps, que j'étais seul à la maison et que je pouvais m'arrêter un moment pour examiner de plus près ce qu'était cette énergie qui se manifestait en moi.

Je me suis donc installé dans le canapé et me suis contenté de concentrer mon esprit sur ce nœud au creux de l'estomac, et, bien vite, dans le coin arrière gauche de ma tête, un bruit clair et précis a retenti : « Flap… flap… flap… » J'ai reconnu immédiatement le bruit de la ceinture que mon père avait utilisée pour me frapper les fesses nues quand j'avais environ six ans. Je sentais nettement les coups et, durant un long moment, je n'ai fait que pleurer, gémir et le supplier d'arrêter. Je revivais totalement ce moment où il me frappait les fesses, ma mère le regardant faire, debout dans la cuisine. C'est d'ailleurs elle qui l'y avait incité, et le petit garçon en moi suppliait : *« Non, je t'en prie, ne me frappe pas, je serai sage. »* Là, assis dans le divan, je me suis demandé si je n'étais pas en train de faire une décompensation psychotique et, en même temps, comme je sentais que tout cela me soulageait, j'ai laissé l'énergie monter en moi et s'exprimer. Mais ensuite, quand j'ai commencé à me calmer, j'ai perçu dans mon esprit un tunnel sombre qui m'aspirait. Et j'ai pris peur. Je me suis dit : *« Oh, mon grand, voilà que tu vas découvrir que tu as subi des abus ou quelque chose du genre dont tu ne te souvenais pas ! »* Mais j'ai décidé d'entrer quand même dans ce tunnel, et c'est alors que…

… j'étais un tout jeune garçon, dans le poulailler que nous avions chez nous, et je plaçais ma main sous une poule couvant ses œufs ; je sentais la chaleur de ses plumes moelleuses, et les œufs lisses et chauds qu'elles protégeaient. Quand j'étais enfant, ma famille habitait à la campagne et nous avions une cinquantaine de poules et poulets. Nous vendions les œufs et j'apportais mon aide à ma façon, en m'occupant des poules. J'adorais glisser ma main sous une poule et l'y laisser là, au chaud ; ces sensations comptaient parmi les expériences les plus merveilleuses, nourrissantes et vivantes que j'aie connues. Mon regard errait un peu partout, et je voyais les bords tranchants et cassants des coquilles d'huîtres dont nous nourrissions les poules. Je distinguais aussi tous les détails de la porte du poulailler que nous fermions chaque nuit afin de les protéger des ratons laveurs et des renards. Plus loin, dans le verger, je pouvais voir la moutarde en pleine floraison, avec ses belles teintes de jaune doré. Tandis que j'étais bien installé dans le canapé, cette douce rêverie s'est prolongée une bonne dizaine de minutes. J'étais comme au paradis ; je vivais un beau rêve, retouchant à tous les délices visuels et olfactifs de mon enfance. Les couleurs étaient on ne peut plus brillantes, les formes étaient pures, j'étais conquis. Puis ce délicieux moment s'est finalement terminé, mon jeune moi marchait sur le chemin pour regagner la maison lorsqu'une voix s'est fait entendre dans ma tête : *« Ils ont mis cela en toi. »*

Grâce à l'aide d'une sœur de la *Sangha* qui travaille avec des jeunes incarcérés et en grande difficulté psychique, j'ai commencé à comprendre que ce *« ils ont mis cela en toi »* voulait dire que d'autres personnes avaient fait naître ce traumatisme en moi, toutes les choses difficiles que je vivais, mais que cela n'était pas mon moi véritable. Mon vrai moi, lui, était le petit garçon qui aimait tant ce qu'il voyait, les couleurs et les formes avec lesquelles il avait grandi. Mais l'horrible énergie que l'on m'avait inoculée avait agi comme une porte d'acier, cadenassant littéralement dans ma mémoire certains des merveilleux moments de mon enfance.

J'ai beaucoup de chance d'avoir pu me libérer de cette énergie traumatisante. J'aimerais d'ailleurs pouvoir dire que j'ai pu me défaire totalement de cette souffrance en une seule séance, mais ce ne fut malheureusement pas le cas. Il m'a fallu plusieurs visites mais, chaque fois, j'ai senti que le poids s'allégeait, jusqu'à ce que ces moments s'apparentent un peu à de simples tâches ménagères : *« Oh, il serait temps de refaire un bon nettoyage.* » Le temps et la diligence ont permis que tout s'apaise.

Je pense personnellement que la part en nous qui est si facilement blessée est précisément celle qui est capable d'aimer, notre bonté intérieure. Et, même si elle est facilement masquée par la souffrance et la douleur, nous portons toujours en nous cette part qui peut accueillir et embrasser tendrement, capable de pleinement savourer les merveilles et la tendresse de ce monde. Cette part qui vit en chacun de nous peut prendre soin de cette beauté si précieuse ; elle peut la partager, à cœur ouvert. C'est en tout cas l'expérience que j'ai pu en faire.

Simplement aux côtés d'un ami

Récit d'Elmar Vogt

Je me souviens de cette retraite de trois semaines au Village des Pruniers, en juin 2006, où j'ai été tellement malade durant la quasi-totalité du séjour que j'ai dû rester la majeure partie du temps au lit, cloué par une très forte douleur à l'estomac. Je souffrais de terribles diarrhées et je ne mangeais pas grand-chose, mais tout le monde faisait de son mieux pour m'aider, tant les moines que les amis laïcs ou mes compagnons de chambre.

J'ai d'ailleurs développé une relation très forte avec un de ces amis du dortoir. Il avait emmené avec lui un concertina, sorte de mini-accordéon à boutons, et nous avons très vite remarqué notre passion commune pour le chant. Un soir, alors qu'il était assis dans les champs, chantant et jouant des chansons du folklore américain, je l'ai rejoint et nous avons entonné des chants ensemble, à la tombée du jour. Après cette soirée, nous avons pris l'habitude de chanter ensemble chaque fois que nous en avions l'occasion. C'est ainsi qu'a pu se tisser entre nous un lien de très forte amitié et de confiance, et que nous sommes tout naturellement devenus amis.

Un matin, à l'approche de la fin de la retraite, j'étais toujours au lit quand mon ami est revenu du petit déjeuner. Il s'est assis sur le bord de mon lit, me demandant comment je me sentais. Ensuite, il m'a proposé d'explorer en méditation cette sensation si douloureuse logée au creux de mon estomac. Et comme j'étais d'accord, il s'est mis à entonner quelques chansons pour moi. Puis il a invité la cloche et m'a suggéré de me concentrer uniquement sur les sensations de mon estomac, en laissant passer toutes les pensées, restant juste disponible à tout ce qui pourrait émerger.

Il ne m'a pas fallu plus d'une minute pour être à nouveau un petit garçon… J'étais caché au sous-sol, derrière ce qui abritait le charbon, et je criais pour que ma grand-mère disparaisse de notre maison. Je l'ai toujours connue vivant avec nous, depuis ma naissance – bien avant d'ailleurs, puisqu'elle s'est installée dans notre famille quand son mari, le grand-père que je n'ai jamais connu, a été porté disparu lors d'une intervention dans la bataille de Stalingrad, sur le front Est, en 1942-1943. Enfant, je vivais dans un climat plutôt toxique, en raison des tensions que générait sa présence parmi nous. Durant cette méditation, le petit garçon en moi a imploré mon père de m'extraire de cette ambiance-là. Une ou deux minutes plus tard, j'ai senti une larme couler du coin de mon œil, et mon compagnon de chambre s'en est probablement aperçu car c'est à ce moment-là qu'il s'est mis à secouer doucement mon avant-bras pour me rassurer : « Tout va bien, laisse juste les émotions s'exprimer. » J'ai littéralement fondu en larmes, et mes sanglots se sont prolongés ainsi durant un assez long moment, vingt minutes peut-être. J'ai senti combien c'était source de guérison.

Quand je me suis calmé, j'ai senti un net soulagement au niveau de l'estomac. Ensuite, nous avons parlé encore et encore de mon enfance et de mon adolescence, de mes parents, abordant même le sujet de nos filles (car nous avons tous les deux une fille d'une bonne vingtaine d'années). Puis nous avons pris notre repas de midi ensemble et je lui ai appris une chanson du folklore allemand *Bunt sind schon die Wälder*, qui évoque les couleurs des feuilles et des champs à l'automne.

À présent, je ressens encore la tension dans l'estomac, mais elle n'est plus pareille depuis cette méditation. Je la vis plutôt maintenant comme le désespoir du petit garçon dans le ventre de sa mère quand il se sent à nouveau insécurisé. Je vois aussi mon père en moi ; papa, qui a été confié à la garde de sa tante alors qu'il n'avait encore que deux ans. Il n'a d'ailleurs jamais su pourquoi, et jamais il n'a pu se sentir pleinement chez lui, nulle part. Ma mère, quant à elle, a perdu son père quand elle était encore très jeune et elle n'a même jamais pu pleurer l'absence de son papa. Personne à l'époque ne savait s'il reviendrait ou non. Ma grand-mère devait travailler dur, seule, pour s'en sortir et assumer tout pour ses deux enfants. Elle aimait beaucoup son mari mais il n'est jamais revenu. Lui-même, tout comme mon père, n'avait pas grandi auprès de ses parents. Ma grand-mère m'a d'ailleurs raconté ce que lui-même lui avait confié un jour : « Ce n'est que depuis que je t'ai épousée et que nous vivons ensemble que je sais ce que *"chez moi"* veut dire. » C'est vraiment triste qu'il ne soit jamais revenu.

Avec le recul, je comprends que le barrage en moi a commencé à céder durant cette retraite au Village des Pruniers. Et maintenant, quand ces tensions se manifestent au creux de mon estomac, je sais que cela n'appartient pas uniquement à moi. Ces souffrances sont aussi celles de nombreuses générations de ma famille, ainsi que celles de toute notre histoire de peuple allemand.

Peut-être qu'une seule vie ne suffira pas à transformer toute cette douleur. Mais j'essaie désormais d'entrer en contact avec mon enfant intérieur, je l'écoute et je lui parle. Je l'invite à venir me rejoindre dans le moment présent et je lui montre les merveilles de la vie.

Troisième partie

Pratiques de guérison

Arrêter les ruminations

par la Sangha *de Buckeye*

Linji, grand maître zen chinois du IXe siècle et fondateur de la lignée du Village des Pruniers, avait coutume d'inviter les pratiquants à cesser les ruminations ou, selon ses termes, à *« ôter l'objet »* ; l'objet étant la personne ou la situation à laquelle nous pensons, l'histoire que nous nous racontons. La pratique consiste à ôter l'objet et à revenir au corps, aux sensations. Il s'agit de rester avec l'énergie présente et de lâcher nos pensées, nos ruminations. En ramenant toute notre attention à l'énergie dans notre corps et à nos sensations, nous pourrons déceler des nœuds en nous, les accueillir avec grande tendresse puis laisser ces tensions se dénouer et se libérer d'elles-mêmes. Il s'agit d'un véritable chemin de guérison. C'est un peu comme l'apprentissage du vélo. Vous pouvez vous asseoir sur la selle, vous faire pousser un certain temps par quelqu'un, puis, à un moment donné, vous vous surprendrez à pouvoir rouler par vous-même : « Hourra, j'y arrive ! Je roule ! »

Voici alors comment pratiquer pour « ôter l'objet », cesser nos ruminations :

1. J'inspire, je prends contact avec mon inspiration ; j'expire, je prends contact avec mon expiration.
2. J'inspire, je ramène à mon esprit une situation difficile pour moi (l'objet) ; j'expire, je me rends disponible à cette situation (je m'ouvre à cette situation).
3. J'inspire, j'abandonne toute pensée concernant cette situation (objet) ; j'expire, de toute ma tendresse, j'enveloppe cette énergie présente dans mon corps.
4. J'inspire, je suis conscient(e) de mon corps et de mes sensations ; j'expire, j'entoure mon corps et mes sensations de toute ma tendresse.
5. J'inspire, je dirige cet air frais vers tout mon corps et mes sensations ; j'expire, je relâche les tensions dans mon corps et mes sensations.
6. J'inspire, je suis conscient(e) de mon inspiration ; j'expire, je suis conscient(e) de mon expiration.

Parfois, nous avons l'impression que nos sensations et l'énergie dans notre corps sont accablantes, voire insurmontables. Si c'est le cas, nous pouvons simplement prendre contact un court instant avec les sensations difficiles ou la situation, juste vingt secondes ou une minute peut-être. Ensuite, nous ouvrons les yeux et, durant quelques minutes, nous laissons simplement aller notre attention sur quelque chose à l'extérieur de nous – nous pouvons par exemple regarder par la fenêtre le monde réel. Puis, quand nous nous en sentons capables, nous pouvons ramener doucement notre attention vers nos sensations. Libre à nous ensuite de faire différents allers et retours car ces alternances nous procureront à la fois la sécurité nécessaire à l'extérieur et l'espace intérieur dont nous avons besoin.

Les seize exercices de respiration consciente

L'enseignement sur la respiration consciente nous vient en ligne directe du Bouddha. Les seize exercices de respiration consciente sont des pratiques qui nous aident à prendre soin de notre corps, de nos sensations, de notre esprit (nos *formations mentales*) et des objets de notre esprit (objets de nos perceptions).

Ces enseignements sont utiles à notre pratique quotidienne et sont de précieux outils pour nous aider à prendre soin de nos sensations douloureuses. Chaque fois que notre souffrance est telle que nous craignons de ne plus pouvoir en sortir, dès que nous ne savons plus que faire, nous devrions revenir à ces seize merveilleux exercices[1] de respiration ; ils sont là pour nous.

1. Ces exercices trouvent leur source dans le *soutra de la Pleine Conscience de la Respiration*. Pour les explications détaillées et les commentaires sur ce soutra, le lecteur pourra se référer à l'ouvrage de Thich Nhat Hanh, *La Respiration essentielle. Notre rendez-vous avec la vie*, paru aux éditions de poche Albin Michel/Spiritualités vivantes, 1996.

Première série de quatre exercices : le corps

Le tout PREMIER EXERCICE consiste à reconnaître notre inspiration pour ce qu'elle est, une simple inspiration, et notre expiration comme une expiration.

J'inspire, je sais que j'inspire.
J'expire, je sais que j'expire.

C'est simple, mais l'effet est très profond. Quand vous vous concentrez pleinement sur votre inspiration, et la reconnaissez comme telle, vous vous libérez automatiquement du passé et du futur, et revenez à l'instant présent. Vous commencez à générer l'énergie de pleine conscience et de concentration, accédant ainsi à la liberté.

Le DEUXIÈME EXERCICE nous permet d'aller plus profondément dans l'inspiration et l'expiration :

J'inspire, je suis mon inspiration sur toute sa longueur, du début jusqu'à la fin.
J'expire, je suis mon expiration sur toute sa longueur, du début jusqu'à la fin.

Vous vous concentrez sur la longueur de votre inspiration, durant ses trois, quatre, cinq ou six secondes. Vous êtes tellement concentré sur l'inspiration qu'il n'y a aucune interruption durant ces quelques secondes. Il y a non seulement de la pleine conscience, mais également de la concentration.

Avec le premier exercice, vous avez déjà pu générer l'énergie de la pleine conscience et un peu de concentration. Avec celui-ci, la pleine conscience et la concentration vont devenir beaucoup plus profondes, et la sensation de bien-être pendant l'inspiration pourra grandir. Vous n'avez pas à souffrir pendant l'inspiration. Inspirer peut être quelque chose de très agréable à faire.

J'inspire, je me réjouis de mon inspiration, parce que je sais que je suis vivant. Quelqu'un qui est déjà mort ne peut plus respirer.

« *J'inspire donc je suis* », ce n'est pas « *Je pense donc je suis* »... En effet, quand je pense, je suis perdu dans ma pensée, je ne suis pas vraiment là, mais quand j'inspire, je ramène mon esprit vers mon corps. Je suis vraiment établi dans le moment présent, et je sais très bien que je suis vivant. Une personne morte ne peut plus prendre d'inspiration.

J'inspire, je me réjouis de mon inspiration ;
J'expire, je sais que je suis vivant.

Nous célébrons la vie. Nous sommes en vie, bien vivants. C'est ce que nous constatons avec notre respiration.

Le premier et le deuxième exercice nous procurent beaucoup de bonheur et de joie. Pourquoi devrions-nous souffrir dans notre pratique spirituelle ? La vie est déjà pleine de souffrance. Il faut s'entraîner à respirer de sorte que la joie et le bonheur soient possibles.

Le TROISIÈME EXERCICE ramène notre esprit à notre corps

J'inspire, je suis conscient de mon corps ; je reconnais que mon corps est là. Dans la vie quotidienne, nous sommes trop occupés. Nous oublions que nous avons un corps. Il nous arrive souvent d'être là sans y être vraiment ; mon corps est là mais mon esprit est ailleurs, sans doute préoccupé par le passé, ou par le futur, dans mes projets, ma colère, mes soucis. Je suis là mais, en réalité, je n'y suis pas. Je ne suis disponible pour personne, ni pour moi-même ni pour les autres. Nous pouvons passer trois heures, quatre heures, avec notre télévision, notre ordinateur, en oubliant que nous avons un corps. Il est pourtant essentiel de nous souvenir que nous possédons un corps physique, en revenant simplement à notre respiration.

Il suffit parfois d'une seule inspiration pour ramener notre esprit vers notre corps et être ainsi en contact avec cette merveille qu'est notre corps. Il contient tout le cosmos et, grâce à lui, nous pouvons entrer en contact avec la planète Terre, la plus belle dans tout le Système solaire. Joie et bonheur nous sont directement accessibles. Il y a un maître zen qui a dit ceci : « Le miracle, ce n'est pas de marcher sur les braises ou sur les nuages ; le miracle, c'est de marcher sur Terre. » Avec chaque pas, vous entrez en contact avec cette merveilleuse planète, vous êtes libre, et chaque pas vous amène la détente, chaque pas vous nourrit, chaque pas vous guérit, chaque pas vous libère de vos soucis, du passé et du futur. C'est le miracle de marcher sur Terre. Ce miracle peut s'accomplir chaque jour, à tout moment.

J'inspire, je suis conscient de tout mon corps ;
J'expire, je suis totalement présent à mon corps.

La respiration est en fait le pont qui relie notre corps et notre esprit. Dès l'instant où nous lui portons toute notre attention, notre corps et notre esprit se rejoignent tout naturellement. C'est ce que nous appelons « l'unité de corps et d'esprit ». Notre respiration se calme, et le corps et les sensations en ressentent les bénéfices immédiats. C'est la pratique de la paix. Pleinement établis dans l'Ici et Maintenant, totalement présents, vivants, nous pouvons toucher les merveilles de la vie. C'est un véritable miracle qui s'accomplit par ce simple exercice, le miracle de pouvoir vivre profondément chaque instant.

Nous revenons chez nous, dans notre corps, afin d'être pleinement conscients de l'existence de ce corps et d'en prendre bien soin. Peut-être l'avons-nous négligé, voire maltraité. Mais, à présent, nous pouvons l'entourer tendrement, dans notre énergie de pleine conscience, et être conscients de tout ce qui réclame notre attention. C'est ainsi que nous découvrirons peut-être que, par notre façon de vivre, notre corps a progressivement accumulé quantité de tensions, douleurs et stress.

Le QUATRIÈME EXERCICE nous invite à lâcher prise et à relâcher la tension dans notre corps.

J'inspire, je détends tout mon corps ;
J'expire, je relâche toute la tension dans mon corps.

Nous pouvons pratiquer la relaxation à tout moment de notre vie quotidienne. Dans une position assise, allongée, ou en marchant, nous pouvons très bien relâcher la tension. Que vous fassiez la vaisselle ou prépariez le petit déjeuner, faites chaque geste en pleine conscience de façon à ce que la détente soit possible, que la joie puisse être là dans chaque moment, dans chaque instant. C'est là la véritable méditation, nul besoin d'une salle de méditation pour pouvoir méditer. Dans la cuisine vous pouvez très bien méditer, vous réjouir de tout ce que vous faites. Tout dépend donc de votre manière de poser chaque geste… Cela demande bien sûr un peu d'entraînement.

Ces quatre premiers exercices constituent l'essentiel de la pratique qu'il est indispensable de maîtriser. En effet, la respiration orientée vers le corps est essentielle avant de pouvoir appliquer cette même pratique à notre esprit. Être pleinement conscients de notre respiration signifie que nous revenons à nous-mêmes, chez nous, et que nous générons ainsi l'énergie de notre véritable présence. C'est avec cette même énergie que nous pourrons accueillir et entourer notre corps avec une grande tendresse, et lui procurer le calme et la détente dont il a tant besoin. La relaxation profonde du corps pourra ensuite aider l'esprit à se détendre lui aussi.

Deuxième série de quatre exercices : les sensations

Les quatre exercices qui suivent concernent le domaine des sensations. Dès que je parviens à ramener mon inspiration vers le corps, dans le calme et la détente, je suis pleinement établi dans le moment présent et j'entre alors tout naturellement en contact avec nombre de merveilles. Dès que je peux porter mon attention à mes sensations, je peux accéder à la solution dont j'ai besoin.

Notre corps est une merveille. Le soleil et la pluie sont des merveilles. Les arbres, les collines, le printemps, tout est merveille. Le Royaume de Dieu est là pour nous, disponible dans l'instant présent. C'est à lui que se réfère le bouddhisme quand il parle de *« Terre*

Pure du Bouddha ». Il y a des bouddhas dans le passé, il y a des bouddhas dans le présent, il y aura des bouddhas dans le futur, et chaque être vivant peut être, peut devenir un bouddha.

Mais qu'est-ce qu'un bouddha ? Un bouddha est quelqu'un qui est habité par l'*énergie* de la pleine conscience, de la concentration, de la compréhension et de l'amour. En réalité, chacun de nous a cette nature de bouddha en lui, en elle. Car, tout comme lui, nous avons en nous des graines de pleine conscience, de concentration, de compréhension et de compassion. En manifestant ces semences, nous sommes des bouddhas nous aussi.

Pour moi, le Royaume de Dieu n'est pas une idée, ce n'est pas une chose qui appartient au futur et ailleurs. Le Royaume est disponible pour nous, ici et maintenant.

Le CINQUIÈME EXERCICE consiste à reconnaître, à faire émerger une sensation agréable et à générer l'énergie de joie.

J'inspire, je ressens la joie en moi ;
J'expire, je ressens la joie en moi.

Quand je suis véritablement installé dans le moment présent, je peux entrer en relation avec les merveilles de la vie qui sont là en moi et autour de moi, et c'est pourquoi je peux générer une énergie de joie tout de suite, à n'importe quel moment.

La toute première pratique qui permet de générer la joie est le lâcher-prise car, pour y accéder et la savourer, il y a certaines choses dont nous devons nous libérer. Bien souvent, nous pensons que la joie est extérieure à nous, quelque chose à rechercher en dehors pour en bénéficier, alors qu'en réalité il nous suffit de repérer quels sont les obstacles en nous et de les laisser de côté. C'est tout naturellement que la joie viendra alors jusqu'à nous.

Le SIXIÈME EXERCICE consiste à faire naître un sentiment de bonheur.

J'inspire, j'éprouve du bonheur ;
J'expire, j'éprouve du bonheur.

Avec pleine conscience et concentration, nous pouvons faire naître une sensation de joie et de bonheur. Il faut nous mettre en contact avec les choses saines et nourrissantes pour nous nourrir, nous transformer.

Bien souvent, le simple fait de pratiquer ces exercices permettra de générer un sentiment de bonheur en nous, car la pleine conscience et la détente sont des sources de bonheur véritable. Elles nous permettent de reconnaître que nous avons bien assez de conditions de bonheur à notre disposition. Il est donc facile de faire naître un sentiment de joie et de bonheur ; c'est quelque chose que nous pouvons faire à tout moment, et en tous lieux. Vous avez cette capacité d'être heureux. Il faut donc l'utiliser. Avec l'énergie de la pleine conscience, avec la marche et la respiration, vous pouvez générer cette énergie en or. C'est une habitude qu'il faut cultiver : l'habitude du bonheur. La vertu la plus grande est la capacité d'être heureux. Si vous pouvez être heureux, vous pouvez faire le bonheur de tous les êtres, tant les membres de votre famille que la société.

Le SEPTIÈME EXERCICE nous invite à reconnaître et à prendre soin des sensations et émotions désagréables, douloureuses, qui se manifestent en nous. Cette sensation peut être physique ou mentale.

J'inspire, je reconnais mes sensations douloureuses ;
J'expire, je suis conscient(e) des sensations douloureuses en moi.

Quand une sensation douloureuse se manifeste, il faut être là pour elle. Il ne faut pas chercher à la fuir. Avec la pratique de la marche méditative et de la respiration en pleine conscience, nous pouvons en prendre soin. Cet exercice nous montre donc comment gérer au mieux nos sensations de douleur, tristesse, peur ou colère.

J'inspire, je sais que la douleur est là. Bonjour, ma petite douleur, je sais que tu es là et je vais prendre soin de toi, sans peur. Le pratiquant reconnaît la sensation pénible, douloureuse ou désagréable ; il l'accueille et prend soin de celle-ci, avec beaucoup de tendresse et grande douceur, comme une maman qui réconforte son bébé dans ses bras. La tendresse, c'est vous, et la douleur, c'est vous aussi. Nous ne devrions jamais masquer notre douleur mais, au contraire, en prendre grand soin car si nous l'ignorons, ou si nous tentons de supprimer la souffrance, c'est à nous que nous faisons violence. Or, il n'y a pas de combat à mener ; il faut juste reconnaître que la sensation douloureuse fait partie de nous, tout comme la pleine conscience est également une part de nous. C'est la pratique de la non-dualité, la non-discrimination.

À l'inverse, chaque fois que nous fuyons, que nous faisons tout pour éviter de revenir à nous-mêmes, nous laissons grandir la souffrance. Or, la méthode proposée par le Bouddha consiste justement à revenir en nous et à prendre soin de ce qui se manifeste. Pour ce faire, il nous faut faire appel à notre concentration, à notre pleine conscience. Le but de ces deux énergies est de nous renforcer afin de ne plus nous laisser submerger par nos souffrances, notre tristesse. Ensuite, pleine conscience et concentration nous permettront de revenir en nous avec confiance, afin de reconnaître nos sensations douloureuses. *« J'inspire, je reconnais la sensation pénible en moi ; j'expire, je reconnais la sensation pénible en moi. »* C'est une véritable pratique et, tous, en bons pratiquants, nous devrions être capables de reconnaître nos douleurs et de les entourer de notre tendresse, comme une maman avec son bébé. Bien sûr, cela ne sera pas toujours facile, surtout si nous en sommes au début de la pratique, mais l'énergie collective de la *Sangha* pourra nous y aider.

Le HUITIÈME EXERCICE consiste à apaiser la douleur.

J'inspire, j'apaise les sensations désagréables présentes en moi ;
J'expire, je calme les sensations désagréables présentes en moi.

Chaque exercice proposé nous permet d'aller toujours un peu plus loin, jusqu'à ce que nous puissions transformer notre souffrance – non seulement apporter un soulagement mais transformer cette douleur en quelque chose de plus positif, comme la compassion, la paix, la joie. Généralement, dès que nous ressentons une sensation désagréable, notre tendance dans la vie de tous les jours est de chercher à nous évader coûte que coûte, pour ne pas entrer en contact avec elle. Nous allumons la télé même si le programme n'est pas très intéressant, nous écoutons de la musique ou cherchons quelque chose à manger ou à boire, nous appelons quelqu'un au téléphone, nous faisons tout pour ne pas nous confronter à la douleur. Nous ne savons pas comment gérer une souffrance, c'est pourquoi nous cherchons à consommer pour pouvoir oublier. Qu'il s'agisse de la télévision, de journaux, de l'Internet, de musique ou de conversations, tout sert le même objectif : couvrir, ensevelir, ignorer la souffrance en soi. La pratique de la méditation nous enseigne une autre voie : elle nous apprend à générer l'énergie de la pleine conscience et la concentration afin de reconnaître cette sensation douloureuse, de l'accueillir, d'en prendre soin tendrement et d'obtenir un soulagement. Nous pouvons revenir à nous-mêmes avec force, nous n'avons plus peur.

Il existe un rapport étroit entre souffrance et bonheur. Le bonheur est constitué d'éléments « non bonheur ». Une fleur, par exemple, est faite d'éléments « non fleur ». Si vous regardez attentivement une fleur, vous y verrez le soleil. Le soleil, ce n'est pas une fleur, je suis d'accord avec vous, mais si on enlève le soleil, la fleur cesse automatiquement d'exister. De même, il y a un nuage dans la fleur. Si on essaie de faire sortir le nuage, la fleur ne sera plus là. Tous ces éléments « non fleur », tels le soleil et les nuages, sont donc essentiels à la fleur, c'est grâce à eux qu'elle peut se manifester comme une merveille.

Le bonheur, quant à lui, est aussi une fleur, car il est constitué de nombreux éléments « non bonheur ». C'est ce que le Bouddha a enseigné.

Parmi les éléments « non bonheur », il y a l'élément souffrance. Celle-ci joue en effet un rôle majeur dans la fabrication du bonheur. Si vous regardez en profondeur dans la souffrance, vous pouvez en voir les racines et la nature véritable, vous pouvez percevoir la manière dont elle se développe. Cela vous donne ainsi accès à une compréhension, une vision profonde de ce qu'est la souffrance. Et cette compréhension ouvrira la porte à la compassion et à l'amour.

L'amour est le véritable fondement de la compréhension. Comment pourrions-nous aimer une autre personne si nous ne la comprenons pas ? Pour l'aimer, l'essentiel est donc avant tout de comprendre sa souffrance, ses difficultés. C'est en percevant clairement ce que cette personne traverse que pourra émerger la compréhension, puis, avec elle, la compassion. Notre désir de punir cette personne disparaîtra alors tout naturellement, au profit d'une profonde intention de l'aider, d'un véritable désir de faire quelque chose qui puisse l'aider à souffrir moins.

Si vous avez l'habitude de jardiner selon les principes du bio, vous savez combien le compost est essentiel à la culture. Vous ne jetez rien, vous conservez les déchets, les détritus, et vous faites du compost afin de pouvoir nourrir les fleurs et les légumes. La même chose est vraie avec la pratique. Nous nous servons de la souffrance, avec beaucoup de sagesse, pour développer le bonheur. Nous nous servons de notre compost pour nourrir nos fleurs.

C'est une vision profonde appelée « Vision de l'inter-être ». La fleur ne peut pas être par elle-même, elle doit « inter-être » avec tous les éléments « non fleur ». Le bonheur aussi, c'est une sorte de fleur. Il ne peut exister par lui-même, il doit inter-être avec les autres éléments, y compris l'élément souffrance. Un pratiquant ne doit pas avoir peur de la souffrance, il doit simplement apprendre de quelle façon l'utiliser au mieux, avec souplesse, agilité et talent, afin de pouvoir œuvrer au bonheur. Un pratiquant est un artiste, il ne craint pas la souffrance car il sait comment utiliser les deux conditions nécessaires à la joie et au bonheur :

1. Entrer en contact avec les merveilles de la vie qui sont disponibles dans l'instant présent ;
2. Savoir comment utiliser avec agilité cette douleur et cette souffrance pour pouvoir non seulement apporter un soulagement mais aussi les transformer.

C'est en fait tout l'art du jardinage biologique.

Troisième série de quatre exercices : l'esprit (les formations mentales)

À l'instar de la pratique sur les sensations, cette série nous propose de nous centrer sur les formations mentales. Celles-ci seront cependant d'un autre type. En effet, les sensations ne sont qu'une partie de nos formations mentales, et le terme « formation » (*samskara*, en sanskrit) signifie en fait que de nombreuses conditions ont dû être réassemblées pour que quelque chose puisse se manifester.

Mais qu'est-ce qu'une formation ? Il s'agit de tout ce qui se manifeste grâce à la réunion des conditions, comme l'exemple de la fleur, formation qui se manifeste grâce à différentes conditions, telles que la terre, les semences, la pluie, les engrais et la chaleur. Moi-même, je suis une formation, et vous aussi en êtes une, comme la cloche, la maison… Le concept « formation » implique donc tous les êtres, les choses, les phénomènes.

Les formations sont physiques, biologiques ou mentales. Votre haine, votre colère, votre amour, votre peur sont des formations mentales (*cittasamskara*, en sanskrit).

Le bouddhisme dénombre cinquante et une catégories de formations mentales. Certaines sont considérées comme positives : par exemple la joie, la paix, la compassion, l'espoir, le pardon, la fraternité qui nous rendent heureux chaque fois qu'elles se manifestent. Certaines autres sont considérées comme négatives, comme le désespoir, la colère, le doute. D'autres encore sont indéterminées car elles peuvent être soit positives, soit négatives ; c'est le cas du regret, par exemple. Si nous nous disons : *« Je regrette, j'ai fait cela, j'ai dit ceci, et cela a produit de la souffrance »*, il s'agit d'une bonne formation ; en revanche, si cela aboutit à un complexe de culpabilité et que nous en soyons prisonniers, alors cette formation mentale devient négative. Prenons un autre exemple d'une formation mentale indéfinie : la pensée. Si elle nous aide à entrer en profondeur dans la nature des choses, elle sera tout à fait bénéfique ; mais si elle nous introduit dans le domaine de la peur, des ténèbres et du désespoir, elle le sera nettement moins et pourra même nous nuire, voire nous détruire. La pensée est donc une formation mentale qui peut être bénéfique ou non bénéfique. Il appartient à chaque pratiquant d'observer finement le courant de sa conscience et de reconnaître chaque formation quand elle se produit, quand elle est là ; ou, quand elle n'y est plus, de simplement savoir que cette formation mentale n'est plus là. Toutes les formations sont de nature impermanente et changent continuellement.

Les cinquante et une formations mentales ont toutes une semence (*bija* en sanskrit), au fond de la conscience du tréfonds. Nous avons tous une graine de pleine conscience dans notre tréfonds. Avec la pratique, nous touchons cette graine et lui permettons de se manifester en formation mentale, c'est-à-dire en énergie de pleine conscience. Nous sommes maintenant habités par cette énergie. Dès lors, nous pouvons faire en sorte que cette énergie demeure avec nous longtemps. Il est bon en effet de maintenir la pleine conscience minute après minute, heure après heure.

Alors qu'avec le troisième exercice de respiration consciente, nous apprenons à ramener notre conscience au corps et que le septième consiste à revenir aux sensations, le NEUVIÈME EXERCICE nous invite à ramener notre attention à notre esprit et à reconnaître dans quel état il se trouve.

J'inspire, je suis conscient(e) de mes formations mentales ;
J'expire, je suis conscient(e) de mes formations mentales.

Notre conscience est comme une rivière faite de gouttes d'eau, appelées formations mentales. Chaque fois qu'une graine se manifeste dans le niveau supérieur de la conscience, le mental, nous devrions être là afin de la reconnaître. Nous sommes assis sur la rivière des formations mentales et reconnaissons la formation mentale qui s'élève. Nous pouvons alors l'appeler par son vrai nom : « *Bonjour, ma petite peur, je sais que tu es là, je vais prendre bien soin de toi.* » Le neuvième exercice est d'être conscient des formations mentales, de les reconnaître. Une simple reconnaissance de la formation mentale suffit. Il ne sert à rien d'essayer de saisir, ni de combattre ce qui se manifeste, seulement de reconnaître.

Le DIXIÈME EXERCICE, quant à lui, consiste à réjouir l'esprit.

J'inspire, je rends mon esprit joyeux ;
J'expire, je rends mon esprit joyeux.

Nous faisons en sorte que notre esprit soit joyeux afin de le renforcer, l'encourager et lui apporter la vitalité dont il a besoin. En aidant ainsi notre esprit à gagner joie et énergie, c'est lui qui nous aidera à son tour quand nous rencontrerons des difficultés. Par la force qu'il nous apportera, nous pourrons accueillir tendrement nos souffrances et les regarder en profondeur, quand elles se présenteront.

De même, si nous savons comment fonctionne notre esprit, le dixième exercice nous paraîtra certainement plus facile. En pratiquant la « diligence juste », les quatre étapes de l'effort juste, nous trouverons le moyen d'être pleinement conscients de notre esprit, tout en mettant au repos les graines négatives.

La première étape de la diligence juste consiste à permettre à nos graines négatives de rester « dormir », à l'état latent, au sein de notre conscience du tréfonds. Nous ne leur laissons donc pas l'occasion de se manifester car, si elles se révèlent trop souvent, leurs racines se renforceront. La deuxième pratique de l'effort juste nous invite à renvoyer au plus vite nos graines négatives dans le tréfonds, dès qu'elles se manifestent à notre conscience. Cette pratique est essentielle car si les graines restaient trop longtemps actives, nous en souffririons et leurs racines se consolideraient également. Il s'agit dès lors de remplacer une formation mentale négative par une positive, en invitant la graine positive à se manifester dans notre mental. C'est ce qu'on nomme « changer la cheville[1] ». Lorsqu'une cheville reliant deux morceaux de bois commence à rouiller, le charpentier glisse une nouvelle pièce dans le trou existant, ôtant ainsi celle qui est abîmée. Avec la troisième pratique, nous mettons alors l'accent sur les graines positives de notre conscience du tréfonds, déployant les moyens de les arroser, et ce même si elles ne se sont pas encore manifestées. Et, quand l'une de nos graines positives se révèle dans notre mental, la quatrième pratique de la diligence juste consiste à la nourrir au mieux, afin qu'elle y reste longtemps et continue de grandir.

C'est un peu comme quand un ami que nous aimons beaucoup nous rend visite. S'il réjouit toute la maisonnée, nous essayons de le convaincre de prolonger son séjour de quelques jours.

La pratique s'applique à nous-mêmes, mais aussi à toute autre personne que nous voudrions aider. Si nous constatons qu'elle est envahie d'une pensée sombre, qu'elle est rongée de colère ou d'anxiété, nous pouvons pratiquer en arrosant ses « bonnes graines » afin qu'elles se manifestent et puissent ainsi remplacer ses formations mentales négatives. C'est ce que nous appelons l'« arrosage sélectif ». Nous pouvons d'ailleurs tous organiser notre vie de façon à ce que les bonnes graines soient sollicitées et arrosées plusieurs fois par jour.

Le ONZIÈME EXERCICE de respiration consciente consiste à ramener notre esprit dans un état de concentration qui nous permette d'accéder à une perception claire de notre situation.

1. Thich Nhat Hanh parle aussi fréquemment de « changer de CD ».

J'inspire, je concentre mon esprit ;
J'expire, je concentre mon esprit.

Que la manifestation se nomme envie, désespoir ou colère, vous pouvez focaliser votre attention sur cette formation mentale, regarder en profondeur dans sa propre nature, effectuer une « percée », et en comprendre la véritable nature, la vraie racine. C'est un peu comme une lampe focalisée sur un point. Votre pleine conscience, votre concentration sont comme une lumière de projecteur dirigée sur cet objet, afin que vous puissiez le regarder profondément. C'est la pratique de la concentration. Toute personne qui pratique ainsi est capable de libérer son esprit, se libérer de la formation mentale.

Le Bouddha nous a transmis plusieurs enseignements bien précieux pour nous permettre de cultiver la concentration. Parmi les pratiques sur lesquelles nous pouvons nous concentrer chaque jour, citons l'impermanence, le non-soi et le vide. C'est ainsi par exemple que, quelle que soit la situation que nous vivions durant la journée, qu'il s'agisse de la rencontre d'un ami, du contact avec une fleur ou de la vue d'un nuage, nous pouvons pratiquer afin d'en discerner la véritable nature d'impermanence et d'inter-être, et ainsi de suite.

Le DOUZIÈME EXERCICE consiste à libérer l'esprit.

J'inspire, je libère mon esprit ;
J'expire, je libère mon esprit.

Quand nous sommes pris par le désespoir, la peur, la colère ou la discrimination, nous avons besoin de recourir à la concentration afin de surmonter toutes ces afflictions qui accaparent et emprisonnent notre esprit.

Nous pouvons utiliser une méditation de concentration pour pouvoir regarder en profondeur dans la nature de cette souffrance. Une concentration forte peut nous aider à faire une sorte de percée dans la situation difficile ; c'est ainsi que nous parviendrons à la vision profonde qui pourra nous libérer. Outre le soulagement de la souffrance qu'elle apporte, elle permet d'œuvrer pleinement à sa transformation. Notons d'ailleurs que le sens véritable du terme « concentration », *samadhi* en sanskrit, est de « maintenir la conscience éveillée, à chaque moment, et aussi longtemps que possible ». Seule la concentration a le pouvoir de générer la vision profonde puis de nous libérer. Trois sortes de *samadhi* sont enseignées dans toutes les traditions bouddhiques :

Première concentration :
*le vide (*shunyata, *en sanskrit)*

Méditer, c'est prendre le temps de regarder. En regardant en profondeur et avec concentration, nous pouvons voir beaucoup de choses. Prenons par exemple une fleur : nous pouvons y voir un nuage. Sans celui-ci, il n'y aurait pas de pluie et la fleur ne pourrait pas pousser, et, si je fais sortir le nuage de la fleur, elle n'existera plus. La fleur abrite aussi le Soleil, la Terre, les minéraux, la chaleur, et même le jardinier. Tout le cosmos est réuni pour l'aider à se manifester comme une merveille. Pour moi, il est une évidence que la fleur est pleine du cosmos. Nous aussi sommes d'ailleurs des fleurs dans le jardin de l'humanité ; tout le cosmos est en nous. Si nous regardons profondément en nous-mêmes, nous voyons ancêtres, éducation, nourriture… Nos ancêtres sont bien sûr humains mais aussi animaux, végétaux, minéraux. Tous sont présents en nous et, quand nous marchons, tous nos ancêtres font les pas avec nous, tant les minéraux que les végétaux, les animaux ou les humains. Je suis constitué d'éléments « non moi », tout comme la fleur est faite des éléments « non fleur » et le cosmos entier l'habite.

Dans le bouddhisme, il est dit : « C'est vrai que la fleur contient tout le cosmos, mais il y a quelque chose qui n'est pas dans la fleur, c'est une existence séparée. » La fleur n'a pas d'entité séparée. Elle n'est constituée que d'éléments « non fleur » et il en va de même pour tout dans l'Univers. Le bouddhisme n'est fait que d'éléments « non bouddhiques », et le Bouddha ne contient que des éléments « non Bouddha ». La fleur existe grâce aux éléments « non fleur » ; elle est donc vide d'une substance séparée. La fleur est pleine du cosmos, mais elle est vide d'une entité séparée, c'est le moi, le soi. Si nous posons un regard attentif sur nous-mêmes, nous pouvons voir d'innombrables éléments : ancêtres, nourriture, culture… Nous sommes seulement la continuation de notre maman, de notre papa et de nos ancêtres, nous n'avons pas une existence séparée. C'est ainsi que, méditer, c'est prendre le temps de toucher cette nature du vide dans chaque phénomène. Chacun de nous est à la fois plein et vide, plein de tout et vide d'un soi, d'une existence séparée. La fleur ne peut pas être par elle-même. Elle doit inter-être avec tout le reste et, être, c'est inter-être.

Le Bouddha a exprimé cela dans un langage très simple : « Ceci étant, cela est » ; si ceci n'existe pas, cela n'existe pas non plus. Cette vision profonde est appelée la *« vue juste »*.

Quand nous touchons la nature du vide dans chaque

personne, dans chaque phénomène, nous ne voyons pas une existence séparée et nous touchons aussi la nature de la non-naissance et de la non-mort. Est-ce qu'un nuage peut mourir ? Non, il est impossible au nuage de mourir. Mourir, cela implique que, au départ de quelque chose, nous devenons *rien*, de quelqu'un nous devenons *personne ;* telle est en tout cas notre idée de la mort, de l'être nous passons au néant. La méditation nous offre l'occasion de voir les choses tout différemment. Certes, il est possible pour un nuage de se transformer en neige, grêle ou pluie. Mais jamais le nuage ne pourra devenir néant, c'est impossible. La vraie nature du nuage, c'est la nature de la non-mort et de la non-naissance. Avant d'être sous la forme d'un nuage, il a été quelque chose d'autre : l'eau dans l'océan, notamment. Nous comprenons mieux maintenant que la nature du nuage est aussi la nature du vide, qu'il n'a pas un moi séparé. Imaginons par exemple que nous soyons un nuage et qu'une grande part de notre forme se soit déjà transformée en pluie ; de là-haut, nous nous regardons tomber sur la Terre et devenir ruisseau, nous souhaitant : *« Bonne route, je vais te revoir bientôt. »* Nous sommes à la fois là-haut et déjà ici. C'est ce regard que nous devons poser sur notre vie quotidienne. Je suis ici mais je suis aussi là-bas. Je suis le papa mais je suis aussi l'enfant. Même si vous êtes encore très jeune, vos enfants sont déjà en vous. Vos enfants attendent pour se manifester. Si vous avez quelqu'un qui vient de vous quitter, un être cher qui vient de décéder, ne pensez pas que cette personne soit passée de l'être au non-être. C'est impossible pour elle de mourir. Si vous avez les yeux du méditant, vous pouvez la reconnaître sous sa nouvelle forme. Si votre nuage n'est plus présent dans le ciel, il ne faut pas pleurer car votre nuage est toujours là, mais sous une autre forme, et la pluie est sans doute en train de vous appeler : *« Chéri(e), chéri(e), je suis là, tu ne me vois pas, il ne faut pas pleurer, je suis encore là »* ; c'est l'œil du méditant qui touche la réalité de non-naissance et de non-mort, et cette vision vous libère de votre désespoir. Votre bien-aimé est toujours là, en vous et autour de vous. Il faut regarder en profondeur pour reconnaître sa continuation.

Cette vision profonde vous libère du désespoir et de l'angoisse. C'est la méditation sur le vide. Tout est plein du cosmos, mais rien n'a d'existence séparée. Nous ne pouvons pas *être*, nous ne pouvons *qu'inter-être* les uns avec les autres.

Lavoisier a dit : « Rien ne se crée, rien ne se perd, tout se transforme », ce qui est très bouddhique. Une vision profonde est indispensable au bonheur véritable. Avec cette vision profonde, nous ne sommes plus victimes de la peur, des perceptions erronées. La pratique de la pleine conscience et de la concentration nous permet de faire une percée dans la réalité pour que nous puissions obtenir cette vision profonde, le *prajna*, qui peut nous libérer de notre désespoir, de notre douleur.

Deuxième concentration : la non-apparence (animitta, *en sanskrit)*

Il ne faut pas se fier à l'apparence. Votre nuage bien-aimé n'est plus là dans son apparence, mais ne croyez pas qu'il est mort. Il lui est tout à fait impossible de mourir. Regardez avec la sagesse de la non-apparence et vous verrez que votre nuage est toujours là, bien vivant, mais sous une autre forme. La première loi de thermodynamique et de conservation de la matière et de l'énergie nous dit que rien ne se crée, rien ne se perd. Il n'y a ni création ni destruction, il n'y a ni commencement ni fin. Ce ne sont que des idées. Quand nous pouvons regarder avec l'esprit de la non-apparence, nous ne sommes plus victimes du désespoir, de la souffrance, car nous avons ôté ces notions d'être et de non-être, de naissance et de mort. Ces notions ne peuvent pas s'appliquer à la vérité ultime. La vision profonde ainsi acquise nous libère de la peur et du désespoir, et si une personne qui nous est proche vient de quitter la forme sous laquelle nous la connaissions, ne pensons pas qu'elle n'est plus parmi nous, regardons encore et parlons-lui : *« Chère amie, cher ami, je sais que tu es encore là, parmi nous. »* De même, en buvant notre thé, nous pouvons reconnaître notre nuage bien-aimé dans notre tasse, et diriger notre sourire vers ce nuage qui se manifeste maintenant sous une forme liquide. C'est la sagesse de la non-apparence qui nous permet de poser ce regard, grâce à notre pratique de la concentration de la non-apparence.

*Enfin, la troisième concentration : la non-poursuite (*apranihita, *en sanskrit)*

Ne pas poursuivre, cela implique de ne rien convoiter, de ne pas mettre devant soi un objet derrière lequel courir, même s'il se nomme pouvoir, argent, renommée ou plaisir sensuel. La non-poursuite est une condition de base pour le bonheur véritable. Grâce à la pratique, vous pouvez ramener votre esprit à votre corps ; vous vous installez dans le moment présent et pouvez ainsi reconnaître toutes les conditions de bonheur qui sont disponibles ici et maintenant. Vous pouvez être heureux là, tout de suite. Vous êtes déjà celui ou celle que vous voulez devenir. Vous êtes une merveille, pourquoi chercher à être autrement ? Comme cette fleur est une merveille, elle peut être heureuse, elle n'a pas besoin d'être une autre fleur. Elle ne cherche pas à devenir une fleur de lotus ou un chrysanthème. Regardez-vous : vous êtes une merveille. Pourquoi chercher à être quelqu'un d'autre ? Est-ce que vous êtes en train de chercher le nirvana ou le paradis, le Royaume de Dieu ? Le nirvana est déjà là en vous, vous êtes bien installé dans le nirvana, la réalité ultime, libre de toute notion, comme l'être et le non-être, la naissance et la mort. Et votre nuage ? Il est là, il réside dans le nirvana parce que sa nature est la nature de la non-naissance et de la non-mort. C'est pourquoi il peut être heureux en tant que nuage. Mais s'il se transforme en pluie, il se sentira heureux en tant que pluie. S'il devient thé, il pourra être heureux aussi. Il n'a pas à chercher le bonheur, car ce bonheur est accessible ici et maintenant. Et c'est pareil pour nous : une seule inspiration dans la pleine conscience peut déjà nous apporter le bonheur et la paix tant recherchés, c'est une réponse positive. Avec la pratique de la non-poursuite, on peut arrêter complètement la course. Nous avons l'habitude de courir partout, tout le temps, sans cesse ; même dans nos rêves, nous cherchons toujours quelque chose. Nous pensons que dans le moment présent le bonheur est impossible, et c'est pourquoi nous cherchons toujours, nous sacrifions le moment présent au profit du futur. Heureusement, nous avons la pratique et nous pouvons donc nous arrêter. L'arrêt nous apporte calme et paix, reconnaissant que tout est déjà là, y compris le Royaume de Dieu, toutes les merveilles de la vie. Le nirvana, la libération, la non-peur sont donc possibles.

Avec ces concentrations appelées les *trois portes de libération* – le vide, la non-apparence et la non-poursuite – nous allons pouvoir ôter toutes les notions d'être et de non-être. Il est impossible de décrire la réalité ultime en termes d'être et de non-être, de commencement et de fin, ou de naissance et de mort. En pratiquant la méditation, nous pouvons générer un certain soulagement, mais le plus grand apaisement ne pourra s'obtenir qu'en touchant notre véritable nature : notre nature de non-naissance et de non-mort, c'est-à-dire le nirvana.

Quatrième et dernière série de quatre exercices : les perceptions

Les quatre dernières pratiques de respiration consciente abordent le domaine des objets de l'esprit. Le bouddhisme envisage le monde et tous les phénomènes comme les objets de l'esprit et non comme une réalité objective. Bien souvent, nous nous laissons piéger par la notion selon laquelle il y aurait une conscience en nous et un monde objectif hors de nous. Nous essayons de comprendre ce monde, ce qui affecte nos perceptions, qui est nous-même. En revanche, si nous nous plaçons sous l'angle de l'inter-être, nous nous apercevons que le sujet et l'objet ne peuvent exister séparément. Quand nous percevons quelque chose, l'objet de notre perception se manifeste toujours en même temps que le sujet de notre perception, qui est nous-mêmes. Ainsi, être conscient implique toujours être conscient de quelque chose.

Le TREIZIÈME EXERCICE de respiration nous invite à contempler l'impermanence.

J'inspire, je contemple la nature impermanente de toute chose ;
J'expire, je contemple la nature impermanente de toute chose.

Intellectuellement, nous savons ce qu'est l'impermanence, et nous sommes aussi d'accord que les choses changent, qu'elles sont impermanentes, et pourtant nous nous comportons encore trop souvent comme si les choses étaient permanentes. Quand vous vous mettez en colère contre votre bien-aimé(e), il peut être utile de fermer les yeux. Ne dites rien, inspirez, et visualisez la personne que vous aimez dans trois cents ans. *« Où seras-tu, mon bien-aimé(e), et où serai-je ? »* Il vous suffira de quelques secondes pour toucher à la nature de l'impermanence, et réaliser combien il est ridicule de vous mettre en colère l'un contre l'autre. Quand vous ouvrez les yeux, la seule chose qui vous semble importante est d'étreindre cette personne qui est là, auprès de vous, et de vous réjouir du fait que vous êtes encore vivants l'un et l'autre. Voilà une magnifique opportunité de pratiquer la méditation de l'étreinte. Il s'agit d'une véritable pratique de l'impermanence. L'impermanence n'est pas une théorie ni une doctrine, c'est une vraie pratique du regard profond, une pratique de concentration. L'idée de l'impermanence ne peut jamais nous aider ; tant que nous ne pratiquons pas, une idée reste un concept. Nous avons besoin de la vision profonde de l'impermanence, de la vraie vision profonde de l'impermanence. L'idée ne nous libérera jamais, mais la vision profonde le peut. S'il s'agit d'une vision profonde, c'est là tout le fruit de notre pratique de la concentration : *samadhi* qui, loin d'être une idée, est une pratique véritable. Toutes les personnes que nous considérons comme « sages », quelle qu'en soit l'origine – qu'elles viennent de l'est ou de l'ouest, du nord ou du sud – sont unanimes pour reconnaître la nature impermanente de toute chose.

Avec le QUATORZIÈME EXERCICE, nous contemplons le non-désir, la non-recherche.

J'inspire, j'observe la disparition du désir ;
J'expire, j'observe la disparition du désir.

Quand nous visualisons l'objet de notre désir, que ce soit la richesse, la gloire, le sexe ou le pouvoir, nous devons regarder profondément dans cet objet, et voir sa vraie nature, parce qu'il pourrait comporter de nombreux dangers. Si nous poursuivons sans cesse cet objet, nous risquons de souffrir indéfiniment, au point de ne pas parvenir à en sortir. Supposons qu'un pêcheur lance sa ligne, et que le poisson voie un appât très attirant, puis qu'il veuille y mordre. Si le poisson sait que cet appât cache un hameçon, il n'y mordra jamais, car il sait qu'il y resterait accroché et en mourrait. Il en va de même avec l'objet de notre désir. Nous devons pratiquer la contemplation de non-désir afin de nous libérer de l'objet de notre désir.

Cet exercice est destiné à transformer *Manas*, dont la spécificité est d'être en constante recherche de plaisir et d'en ignorer les méfaits. La contemplation sur l'impermanence peut contribuer à la transformation de *Manas*. C'est en posant un regard profond sur l'objet de notre avidité que nous en percevrons la véritable nature.

L'objet de notre avidité peut détruire notre corps et notre esprit. C'est pour cela qu'il est aussi important d'être pleinement conscient de ce que nous désirons et consommons.

Le Bouddha nous a offert l'enseignement sur les quatre sources de nourriture que nous consommons au quotidien. La toute première est la nourriture comestible. Préserver notre planète et nos enfants passe aussi par elle et, pour ce faire, nous ne devrions consommer que des aliments qui procurent paix et bien-être à notre corps et à notre esprit. Notre nourriture devrait être consommée de façon à maintenir la compassion au sein de notre cœur. C'est en pratiquant de cette manière que nous pourrons sauver notre planète et garantir un avenir meilleur à nos enfants.

La deuxième source de nourriture, quant à elle, concerne les impressions sensorielles. Cela inclut tout ce que nous consommons avec nos organes sensoriels, qu'il s'agisse de musique, magazines, films, conversations ou qu'il s'agisse même de nos loisirs. Et, puisque la colère ou la violence présente dans les articles que nous lisons, ou les films que nous regardons, pénètre d'office en nous, il nous appartient de faire le choix de ce que nous consommons ou refusons.

Nous devons tous nous protéger des nourritures « toxiques », même les professionnels de l'aide… Les psychothérapeutes, notamment, sont des personnes qui doivent être particulièrement prudentes, car leur profession les amène à écouter de nombreuses souffrances et colères. Ces professionnels doivent donc avoir une pratique solide pour pouvoir rester en bonne santé et bien ancrés, faute de quoi ils risquent de tomber eux-mêmes malades. Comment pourriez-vous aider d'autres personnes si vous vous laissez envahir par l'énergie négative des patients que vous rencontrez au quotidien ? Idéalement, chaque psychothérapeute devrait donc créer une *Sangha*, une communauté de pratique qui le protège et lui procure la nourriture nécessaire chaque semaine, à chaque rencontre. Sans cette pratique, il s'expose à l'épuisement, et il lui sera alors impossible de continuer à aider d'autres personnes.

Le Bouddha lui-même a consacré beaucoup de son temps à bâtir sa *Sangha*. Et c'est précisément ce que nous devrions faire chacune et chacun. Il ne faut pas toujours chercher bien loin, les éléments de notre *Sangha* sont déjà autour de nous ; construisons une *Sangha* qui nous procurera protection et nourriture, tout en maintenant notre pratique bien vivante. Si nous ne veillons pas à cela, nous perdrons nos acquis au bout de quelques mois et nous nous laisserons totalement envahir par toutes les impressions sensorielles, ce que nous consommons par le biais de nos yeux, de notre nez, des oreilles, du corps et de notre esprit. Nous voyons ainsi que la consommation consciente est une véritable pratique de protection, tant pour nous que pour notre famille et pour la société. Elle représente la voie vers notre propre guérison et œuvre à la prévention de la destruction de notre planète.

La troisième source de nourriture est la volition, ce à quoi nous aspirons le plus. C'est elle qui nous procure la vitalité dont nous avons besoin pour mener notre vie. Il nous appartient à chacun de regarder profondément dans la nature de nos désirs afin de distinguer ceux qui sont sains de ceux qui le sont moins. Nos désirs sont de différentes natures et si le nôtre est de rechercher les plaisirs, cela peut être dangereux, notamment si nous sommes sous l'emprise du désir de vengeance, avec la profonde volonté de punir. Comme ces désirs-là puisent souvent leur source dans maintes perceptions erronées, nous devons prendre le temps d'examiner profondément leur véritable nature afin de clairement reconnaître s'ils proviennent d'une peur, du doute, de la colère ou s'ils puisent leur source dans d'autres racines malsaines.

Siddhartha était lui aussi porté par une aspiration profonde. Comme il voyait combien son royaume était en souffrance et que le pouvoir politique n'y apportait pas l'aide suffisante, il a cherché un autre chemin. Et c'est ainsi qu'il s'est engagé sur de nouvelles bases, œuvrant à sa propre transformation, aidant d'autres personnes à se transformer à leur tour et ouvrant une voie nouvelle. Nous parlons généralement d'esprit d'éveil, ou *esprit de débutant*, pour nous référer à cette volition. Nous devrions tous avoir une profonde aspiration dans la vie, afin de maintenir éveillé notre esprit de débutant, car c'est précisément lui qui peut nous donner la force et l'énergie nécessaires pour poursuivre notre pratique.

Enfin, la quatrième source de nourriture est la conscience, c'est-à-dire la conscience collective, l'énergie collective. D'ordinaire, dès que plusieurs personnes se réunissent, elles ont tendance à générer une énergie commune. Ainsi, dès que nous nous rassemblons à plusieurs pour pratiquer la pleine conscience, la concentration et la compassion, nous générons des énergies saines à l'échelle collective, capables de nous nourrir et nous guérir. C'est pour cela que la création d'une *Sangha* est une pratique de guérison pour le monde.

Notre environnement immédiat est tout aussi important. Nous devrions en effet veiller à vivre là où l'énergie collective est saine, car si nous sommes en présence de personnes en colère, leur énergie parviendra jusqu'à nous. Et même si, de prime abord, nous ne sommes pas comme elles, il est probable que si nous les côtoyons un moment, cette énergie collective nous pénétrera. Et, en fin de compte, sans même nous en apercevoir, nous aurons tendance à nous comporter comme ces personnes. Il est donc essentiel que nous examinions la qualité de notre environnement, tant pour nous que pour nos enfants.

Le QUINZIÈME EXERCICE consiste à contempler la *cessation*.

J'inspire, j'observe la cessation ;
J'expire, j'observe la cessation.

Dans cet exercice, nous pratiquons la concentration appelée extinction, ou nirvana, l'extinction de toutes les notions, y compris les notions d'être et de non-être, de début et de fin, de naissance et de mort. Il s'agit d'une pratique fondamentale et très utile car elle permet d'ôter nombre de perceptions erronées. Supposons que nous pensions à l'immortalité et à la mortalité, que nous vénérions un Dieu, que nous croyions que notre Dieu est immortel et que nous, nous sommes mortels. Il existe alors une forme de discrimination entre les deux : « Je suis mortel, et vous êtes immortel, je m'incline devant vous et vous demande de m'aider à ne pas souffrir autant. » Et quand vous vous inclinez devant le Bouddha, vous dites : « Vous êtes un bouddha, je ne suis qu'un être humain ; s'il vous plaît, aidez-moi. » Cette discrimination entre bouddha et être humain est donc une perception erronée, parce que le fait est qu'un bouddha est un être vivant, et chaque être vivant peut être un bouddha. C'est pourquoi, quand nous pratiquons avec la communauté le matin et que nous nous inclinons devant le Bouddha, nous contemplons cette vérité : « Cher Bouddha, celui qui s'incline et celui devant lequel il s'incline ont tous deux la nature du vide. Tu es vide de soi séparé, et je suis vide de soi séparé. Toi, Bouddha, tu es fait d'éléments "non Bouddha" », et moi, je suis seulement fait d'éléments "non moi". Je suis en toi, et tu es en moi. » Par cette méditation, nous percevons alors clairement la vérité de l'inter-être, et c'est pourquoi, quand vous vous inclinez, il y a une vraie communication ; sinon, le Bouddha serait seulement le Bouddha, et vous seriez seulement vous pour toujours, aucune véritable communication ne serait possible. Ainsi, si vous priez Jésus, je vous conseille d'ôter toute barrière entre vous et lui, afin de contempler l'inter-être ; votre communion avec Jésus sera alors très profonde. Je crois que les mystiques chrétiens savent comment le faire. Si nous pouvons enlever de telles notions, y compris les notions d'être et de non-être, nous pouvons aussi ôter les notions de naissance et de mort, de début et de fin. Parmi la communauté scientifique, certains chercheurs reconnaissent aujourd'hui que rien ne naît et rien ne meurt. Nous ne pouvons pas créer de la matière, détruire de la matière, créer de nouvelles énergies, ou réduire l'énergie à rien. C'est la loi de la conservation de l'énergie et de la matière. C'est très clair, quelques-uns de nos scientifiques ont vu la nature de non-naissance et de non-mort de la réalité. D'autres, pourtant, cherchent encore à comprendre comment s'est créé le cosmos. Ils essaient de savoir comment il a commencé. C'est de là que naissent les théories telles que le big bang ou d'autres encore. S'il y a une création, il y aura une destruction. S'il y a un début, il y aura une fin. S'il y a un big bang, alors il devrait y avoir un *big crunch*... Tâchons d'ôter ces notions et nous serons en paix absolue, nous ne souffrirons plus. Tel est le véritable objet de ce quinzième exercice : contempler la suppression de toutes les notions, l'extinction de toutes les notions, afin de refroidir toutes les flammes des afflictions.

Le SEIZIÈME EXERCICE nous invite enfin à contempler le nirvana, l'extinction.

J'inspire, j'observe le lâcher-prise ;
J'expire, j'observe le lâcher-prise.

Lâchez prise de toutes ces idées et vous serez totalement libre. Dans le christianisme, nous parlons du *salut par la grâce ;* dans le bouddhisme, nous préférons l'expression de la *libération par la vision profonde*. Si vous avez la vision profonde, vous êtes libéré. Mais je pense que la vision profonde est une sorte de grâce. Vous pouvez très bien interpréter la vision profonde comme la plus grande sorte de grâce que vous puissiez obtenir. Par cet exercice, chacun est donc invité à se débarrasser de toutes les notions afin de savourer pleinement la liberté. C'est grâce à cette concentration que nous pourrons toucher la véritable nature de la réalité et la sagesse profonde qui nous libérera de la peur, de l'angoisse et du désespoir. Contrairement à ce que nous croyons souvent, le nirvana n'est pas un lieu où aller, ni quelque chose qui existe dans un futur lointain ; le terme « nirvana » désigne simplement l'extinction.

Le nirvana est la nature de la réalité, telle qu'elle est ; il est disponible pour nous, ici et maintenant.

Prenons l'exemple de la vague. Quand elle monte à la surface de l'océan, elle est constituée d'eau, et pourtant il lui arrive parfois d'oublier qu'elle est cette eau. La vague a un début et une fin, elle a une phase montante et une phase descendante. Elle sera tantôt haute, tantôt basse, plus forte ou plus faible que les autres vagues. Mais si elle se laisse piéger par des notions telles que début, fin, montée, descente, force ou faiblesse, elle souffrira certainement. Au contraire, si la vague prend conscience qu'elle aussi est de nature « eau », la situation sera radicalement différente. Car, avec sa nature d'eau, elle ne se préoccupera plus de savoir si elle est début, fin, montée ou descente ; elle pourra savourer sa montée, sa descente, elle appréciera simplement le fait d'être cette vague ou d'être l'autre vague. Dès lors, la discrimination et la peur n'ont plus leur raison d'être. La vague n'a pas besoin de chercher l'eau ; elle *est* eau, dans le moment présent.

Notre véritable nature n'a ni commencement ni fin, elle n'a ni naissance ni mort. Ainsi, dès que nous parvenons à toucher notre véritable nature, il n'y a plus de peur ni d'angoisse, plus de désespoir. Notre nature véritable est celle du nirvana. On pourrait dire que nous avons été « nirvatisé » par la nature de « non-commencement ».

Selon la logique de notre esprit, mourir signifie que nous passons soudainement de « quelque chose » à « plus rien », que nous sommes quelqu'un et, d'un coup, ne sommes plus personne. Or, comme nous l'avons déjà dit précédemment, nous savons qu'un nuage ne peut pas mourir. Le nuage peut devenir pluie, neige, grêle, il peut se transformer en rivière, thé ou jus, mais jamais il ne mourra, c'est impossible. Sa véritable nature est celle de la non-naissance et de la non-mort. Ainsi, si vous avez récemment perdu une personne très proche de vous, je vous invite à essayer d'en percevoir les nouvelles manifestations autour de vous. En réalité, cette personne ne peut pas mourir, c'est impossible pour elle ; elle continuera toujours à se manifester, de nombreuses façons. Grâce aux yeux du Bouddha, vous pourrez reconnaître sa présence autour de vous et même en vous. *« Mon ami(e), je sais que tu es encore là dans ta nouvelle forme. »*

Avant notre naissance, nous existions déjà dans le ventre de notre maman et, même avant, nous existions pour moitié dans notre père et pour l'autre moitié dans notre mère. Aucune chose ne peut surgir de rien. Nous ne venons pas d'un état de « non-être » ; nous avons toujours été là, sous une forme ou une autre. Notre nature est celle de la non-naissance et de la non-mort.

Le nirvana signifie donc l'extinction de toutes les notions, quelles qu'elles soient, y compris les notions de naissance et de mort, d'être et de non-être. Le seizième exercice que nous venons de décrire nous invite donc à nous libérer, nous débarrasser de toutes ces notions, nous permettant ainsi d'accéder à la véritable liberté.

C'est un des textes les plus basiques sur la méditation, et il serait profitable d'avoir le temps d'étudier en profondeur ce soutra et d'appliquer les enseignements dans notre vie quotidienne.

Une lettre de votre enfant intérieur

par Glen Schneider

La pratique proposée ici est en fait la combinaison de deux pratiques : d'une part la rédaction d'une lettre et, d'autre part, l'écoute de ce que l'enfant veut exprimer. Durant cette pratique, nous éviterons de repasser en détail tout ce que nous avons vécu quand nous étions un enfant ; nous privilégierons au contraire le rapprochement avec notre enfant intérieur : *« Qu'as-tu ressenti à ce moment-là ? »* ou : *« Qu'attends-tu maintenant de l'adulte que tu es devenu(e) ? »*

Dans un second temps, nous pourrons alors rédiger la lettre que notre enfant intérieur serait susceptible d'écrire. Apprêtons-nous à être occupés un certain bout de temps, car sa liste de demandes nous paraîtra peut-être interminable ! Pour ma part, mon petit bonhomme m'a demandé des choses aussi variées qu'un animal en peluche pour la nuit, du sorbet à l'orange, un repas composé de la fameuse tourte surgelée au poulet de chez Swanson[1] (un

1. L'entreprise américaine Swanson (du nom de son fondateur, Carl A. Swanson, Suédois qui émigra dans le Nebraska en

comble pour moi qui suis végétarien !), ou une reprise de contact avec un cousin qu'on aimait beaucoup mais qu'on n'avait plus vu depuis plus de trente ans…

Il suffit juste de placer notre stylo ou crayon sur le papier et d'écrire tout ce qui se présente à nous. Et surtout de ne pas s'inquiéter de la mise en pages, simplement d'écrire ; le tout est d'établir la communication avec l'enfant qui vit encore en nous.

En ce qui me concerne, j'ai pu faire quasiment tout ce qui figurait sur la liste de mon petit enfant et, depuis, je me sens nettement plus stable et heureux, et ce, de façon vraiment profonde.

1896) propose une large gamme de produits surgelés sur le marché nord-américain. Son créneau est celui des repas tout prêts « spécial plateau-télé ». L'appellation *TV Dinner*® est une marque déposée qui, aux États-Unis, est maintenant synonyme de « dîner congelé acheté dans un supermarché et réchauffé à la maison », même si Swanson n'utilise désormais plus officiellement cette appellation.

Les Cinq Touchers de la Terre

La pratique du « Toucher de la Terre », également connue sous l'appellation « révérence profonde » ou « prosternation », est là pour nous aider à retourner à la Terre et à nos racines, et ainsi reconnaître que nous ne sommes pas seuls mais connectés à tout un courant d'ancêtres spirituels et génétiques, ainsi qu'à tous ceux et celles qui ont bâti notre pays. Nous touchons la Terre pour nous libérer de notre perception d'être séparé et pour nous rappeler que nous sommes la Terre, que nous faisons partie de la Vie.

En touchant la Terre, nous respirons toute la force et la stabilité de la Terre et de notre famille génétique et spirituelle. Nous recevons aussi l'énergie de toutes les personnes qui ont habité notre pays. Sur l'expiration, nous nous libérons de notre souffrance – nos sentiments de colère, de haine, de peur, d'inadéquation ou de chagrin.

1. En gratitude, je m'incline devant toutes les générations d'ancêtres de ma famille génétique.
Je visualise ma mère et mon père ; leur sang, leur chair et leur vitalité circulent dans mes propres veines et nourrissent chacune de mes cellules. À travers eux, je

peux aussi voir mes quatre grands-parents. Je porte en moi la vie, le sang, l'expérience, la sagesse, les joies et les tristesses de toutes ces générations. J'ouvre mon cœur, ma chair, mes os pour recevoir l'énergie de clairvoyance et d'amour ainsi que l'expérience qu'ils m'ont transmise. Je sais que les parents aiment toujours leurs enfants et petits-enfants, qu'ils leur apportent leur soutien, et ce, même s'ils ne sont pas toujours capables d'exprimer leur amour de façon très habile, en raison des difficultés qu'eux-mêmes ont rencontrées. Je suis la continuation de mes ancêtres et je permets à leur énergie de circuler à travers moi ; je leur demande soutien, protection et force.

2. Avec gratitude, je m'incline devant toutes les générations de mes ancêtres spirituels.
Je vois en moi mes enseignants spirituels, ceux qui me guident sur la voie de l'amour et de la compréhension, ceux qui m'apprennent à respirer, à sourire, à pardonner et à vivre en profondeur le moment présent. Je m'ouvre cœur et corps à cette énergie de compréhension, de bonté aimante et de protection qui me vient des êtres éveillés, de leurs enseignements et de la communauté de pratique depuis de nombreuses générations. Je fais le vœu de pratiquer pour transformer la souffrance qui est en moi et dans le monde, et de transmettre l'énergie de mes ancêtres spirituels aux futures générations de pratiquants.

3. Avec gratitude, je m'incline vers ce pays que j'habite et vers tous les ancêtres qui ont œuvré à son existence.
Je suis conscient(e) de n'avoir besoin de rien, d'avoir déjà tout : je suis protégé(e) et nourri(e) par cette Terre et par tous les êtres vivants qui y ont vécu et

qui, au prix de tant d'efforts, y ont rendu la vie digne d'intérêt et possible pour moi. Je me vois en train de toucher la Terre de mes ancêtres d'origine européenne[1]*, eux qui ont vécu ici de si nombreuses années et ont développé des moyens d'existence pacifiques et en harmonie avec la nature, protégeant les montagnes, les forêts, les animaux, les végétaux et minéraux de ce pays. Je sens l'énergie de cette Terre pénétrer mon corps et mon âme. Elle me soutient, elle m'accepte. Je fais le vœu de participer à la transformation de la violence, de la haine et de l'aveuglement, encore si profondément enracinés dans la conscience de notre société, offrant ainsi ma contribution pour que les générations à venir connaissent davantage de sécurité, joie et paix. Que la Terre de mon pays me soutienne et me protège !*

4. Avec gratitude et compassion, je me prosterne et transmets à tous ceux que j'aime l'énergie que j'ai reçue de mes ancêtres.

Je transmets à présent l'énergie que j'ai reçue à mon père, à ma mère, à tous ceux que j'aime, à tous ceux qui ont souffert, qui se sont fait du souci pour moi et mon avenir. Je souhaite de tout cœur qu'ils jouissent d'une bonne santé et vivent dans la joie. Je prie tous mes ancêtres génétiques et spirituels, ainsi que les familles ayant habité cette Terre, de protéger de leur énergie et de soutenir tous mes êtres chers. Je ne me

---

1. *Le texte original mentionne les ancêtres d'origine nord-américaine. En modifiant la référence initiale, nous avons choisi d'adapter la pratique à la réalité probable du lecteur francophone européen. De même, le pratiquant se sentira libre d'adapter le texte à sa propre réalité familiale et culturelle.*

vois plus comme une entité séparée, je suis un(e) avec ceux que j'aime.

5. Avec compréhension et compassion, je m'incline afin de me réconcilier avec toutes les personnes qui m'ont fait souffrir.

J'ouvre grand mon cœur et envoie mon énergie d'amour et de compréhension à chaque personne m'ayant causé de la souffrance, ainsi qu'à celles qui ont détruit une grande part de ma vie et celle des personnes qui me sont chères. Je sais à présent que ces personnes ont elles-mêmes traversé de nombreuses souffrances et que leurs cœurs se sont emplis de douleur, colère et haine. Je prie à présent qu'elles puissent se transformer afin de goûter à la joie de vivre, mettant ainsi un terme à ce cycle de souffrance, tant pour elles-mêmes que pour les autres. Je vois leur souffrance et refuse désormais de porter en moi ces sentiments de haine ou de colère envers elles. Je ne veux pas que ces personnes souffrent, et j'envoie mon énergie d'amour et de compréhension à chacune d'elles. Je demande à tous mes ancêtres de leur venir en aide.

Traité de paix

Quand quelqu'un a réveillé notre colère ou notre irritation, nous devons le lui exprimer dans un délai de vingt-quatre heures. Si notre énervement est tel que nous nous sentons totalement incapables de nous exprimer de façon suffisamment aimable, nous pouvons toujours lui écrire, lui donner un « mot de paix », et ce, avant que les vingt-quatre heures ne soient écoulées.

Traité de paix

Date :
Heure :
Cher, Chère ___________,
Ce que tu as dit (fait) ce matin (cet après-midi) m'a particulièrement mis(e) en colère. J'en ai beaucoup souffert et je tiens à ce que tu le saches. Voici les faits :

____

Es-tu d'accord pour que nous prenions le temps d'examiner cela ensemble ? Pouvons-nous analyser la situation, ouvertement et dans le calme, ce vendredi soir ?
(Prénom) qui ne va pas trop bien en ce moment.

Pratique du « nouveau départ »

La pratique du « nouveau départ[1] » peut se faire au sein de notre famille, ou de notre communauté de pratique, avec une personne avec qui nous éprouvons des difficultés. Nous pouvons même pratiquer le renouveau avec nous-mêmes. Au Village des Pruniers, le renouveau se pratique chaque semaine. C'est l'occasion de nous réunir en cercle, autour d'un vase garni de fleurs fraîchement cueillies, et de suivre notre respiration dans l'attente que le facilitateur ouvre la cérémonie. Celle-ci se déroulera en trois phases : l'arrosage des fleurs, l'expression des regrets, et l'expression des difficultés et souffrances. C'est une magnifique pratique pour éviter que des sentiments de souffrance ne s'accumulent au fil des semaines ; elle permet ainsi que chaque membre de la communauté s'y sente en sécurité.

Nous commençons par l'arrosage des fleurs. Quand une personne se sent prête à parler, elle le manifeste en joignant les paumes des mains. À leur tour, les autres participants joignent leurs paumes en signe de réponse, montrant ainsi que l'espace de parole est tout

1. La pratique du « nouveau départ » est aussi connue sous l'appellation « renouveau ».

à elle. C'est alors qu'elle se lève, marche lentement vers les fleurs, et emmène le vase jusqu'à sa place dans le cercle. Lorsqu'elle s'exprime, ses mots reflètent la fraîcheur et la beauté des fleurs qui se trouvent face à elle. Durant la phase de l'arrosage des fleurs, elle veille à souligner toutes les merveilleuses et belles qualités des autres membres du cercle. Nous veillons toujours à ce que nos mots reflètent la vérité, ce n'est pas de la flatterie gratuite ! C'est par notre pleine conscience que nous pouvons percevoir clairement les points forts des autres personnes. Tout le monde en possède. Durant sa prise de parole, personne ne l'interrompt ; elle prend le temps dont elle a besoin et chaque personne pratique l'écoute véritable. Après avoir à nouveau joint les paumes des mains pour indiquer qu'elle a exprimé tout ce qu'elle souhaitait, elle se lève afin de replacer les fleurs au centre.

Cette étape de l'arrosage des fleurs n'est pas à sous-estimer car son essence est de rétablir l'amour et la compréhension parmi les membres de la communauté. En effet, si nous parvenons à reconnaître très sincèrement toutes les qualités des autres personnes, il sera bien difficile de nous accrocher à nos sentiments de colère ou de ressentiment. Nous aurons une tendance toute naturelle à nous radoucir, et notre perspective pourra s'élargir afin d'inclure l'ensemble de la réalité des choses. Dès lors, libérés de nos perceptions erronées, de l'irritation et du jugement, nous pourrons aisément trouver le chemin de la réconciliation avec les autres membres de la communauté ou de notre famille.

Dans la deuxième phase du renouveau, nous allons exprimer nos regrets pour les actes que nous avons posés et qui ont blessé quelqu'un d'autre. Il suffit parfois d'une simple petite phrase prononcée sans réfléchir pour blesser une autre personne. La cérémonie est alors une excellente occasion d'exprimer nos regrets pour un geste ou une parole qui a pu blesser quelqu'un les jours précédents et d'y remédier.

Enfin, dans la troisième phase du « nouveau départ », chacun pourra exprimer ce en quoi il a pu se sentir blessé par d'autres. Et c'est là que la parole aimante est essentielle, car notre intention profonde est de guérir la communauté, pas de la blesser. Notre discours est franc mais pas destructeur. C'est pourquoi la méditation de l'écoute est une part importante de la pratique. Assis en cercle, parmi tous nos amis pratiquant l'écoute profonde, notre parole gagne en beauté et devient plus constructive. Jamais nous n'adressons de reproches, jamais nous ne cherchons la dispute.

L'écoute compatissante est de toute première importance. C'est dans cette dernière partie de la cérémonie que nous écoutons les difficultés et les souffrances de la personne qui s'exprime. Nous l'écoutons avec le profond souhait d'apaiser sa souffrance, et certainement pas de la juger ou de susciter le conflit. Toute notre concentration est portée vers cette écoute et, même si nous entendons des propos qui ne sont pas exacts, nous poursuivons notre écoute profonde afin de permettre à l'autre personne d'exprimer sa souffrance et, ainsi, d'apaiser les tensions qu'elle porte en elle. À cette étape, nous nous contentons d'écouter car, si nous lui répondions ou cherchions à corriger ses propos, la pratique ne porterait pas ses fruits. Et si nous ressentons la nécessité de lui dire que sa perception n'est pas correcte, nous pourrons le faire quelques jours plus tard, calmement et en aparté.

Il n'est pas impossible non plus que, lors de la cérémonie de renouveau suivante, cette même personne rectifie son erreur par elle-même, sans que personne n'ait eu à lui en parler. Généralement, la cérémonie du « nouveau départ » se clôture en chantant ou en nous mettant en cercle, nous donnant les mains, consacrant une ou deux minutes à respirer ensemble.

Lâcher-prise émotionnel et mouvements physiques

par Thây Phap An

Quand nous méditons et recherchons les causes et les racines de nos contrariétés, de nos attachements douloureux, il n'est pas rare que resurgissent des images de notre enfance, et qu'elles nous accompagnent encore plusieurs minutes. Dans ce cas, il est essentiel de rester pleinement conscients de notre corps physique. Peut-être se mettra-t-il à trembler, il est possible aussi que nous éclations en sanglots, et que cela se prolonge quelques minutes ou parfois plus longtemps. Ce relâchement émotionnel peut avoir un effet très bénéfique, et, après un tel épisode, nous ressentirons probablement plus de légèreté, accédant même à une perception beaucoup plus claire de la situation. Avec le temps, nous nous sentirons nettement plus libres.

Ce processus de libération de la souffrance est excellent. On peut en effet s'attendre que la guérison fasse suite aux pleurs et à l'expression des émotions. La toute première fois que nous traverserons une telle expérience, il est possible que la libération émotionnelle soit particulièrement forte, peut-être 10 sur une échelle de 1 à 10. Le deuxième épisode sera sans doute déjà moins fort, peut-être 8 sur 10, puis 6, 4, 3, 2, 1, etc. Ainsi, dès que l'énergie aura été libérée, nous serons en mesure de regarder notre situation en profondeur et de mieux comprendre ce que nous revivons. C'est là que prend naissance l'amour véritable. Nous n'éprouverons plus de colère, nous pourrons comprendre les personnes qui nous ont blessés, profondément, véritablement.

Il est vraiment important de ne pas nous laisser submerger par le processus émotionnel, l'explosion ou la libération émotionnelle. Nous veillerons aussi à ne pas nous perdre dans la souffrance que l'épisode nous révélera. Au contraire, il sera même tout à fait bénéfique d'observer comment tout cela émerge. Il faut aussi que le processus reste naturel, car la vraie guérison naîtra de la compréhension véritable.

Une autre pratique essentielle dans ce cadre est le mouvement physique. En effet, toutes ces fortes énergies peuvent se loger dans notre corps et dans certains organes, comme les reins, le foie ou le cœur. Après la libération émotionnelle, ces organes seront probablement vulnérables et déséquilibrés. Il est donc important d'en prendre soin et de pratiquer des mouvements qui permettent à l'énergie de circuler ; nous veillerons donc à régulièrement pratiquer quelques exercices, tels que ceux proposés par le taï-chi ou le qi gong. Nous aiderons ainsi notre corps sur le chemin de la guérison véritable.

Table des matières

Deuxième partie

Récits de guérison

Troisième partie

Pratiques de guérison

Composé par Nord Compo
à Villeneuve-d'Ascq

Imprimé en France en août 2017
par MAURY IMPRIMEUR
à Malesherbes (Loiret)

POCKET – 12, avenue d'Italie – 75627 Paris Cedex 13

N° d'impression : 220765
Dépôt légal : avril 2015
Suite du premier tirage : août 2017
S25426/11